シリーズ「遺跡を学ぶ」021

律令国家の対蝦夷政策

相馬の製鉄遺跡群〈改訂版〉

飯村　均

新泉社

律令国家の対蝦夷政策

―相馬の製鉄遺跡群〈改訂版〉―

飯村 均

【目次】

編集委員
勅使河原彰（代表）
小野　昭
小野　正敏
石川日出志
小澤　毅
佐々木憲一

装　幀　新谷雅宣
本文図版　松澤利絵

第1章　真金《まがね》吹く郷

1　古代の鉄づくり

「かなご」の再発見

東北地方の南部、太平洋の荒波が南北にのびる海岸線に打ちつける福島県浜通《はまどお》り地方（図1・2）では、「かなご（金子）」とよばれる小字《こあざ》名や通称地名が点在している。そこではよく「鉄滓《てっさい》」と称する「黒くてゴツゴツした金属のかたまり」が大量に散らばっているのがみつかる（図3）。地元の古老に聞くと、「かなごいし（金子石）」というのだそうだ。地域によっては「かなくそ」「のろ」などともよばれるようである。これがまさに製鉄の痕跡を示す証拠である。

地元では「かなご」が「鉄づくりをした跡」であることはわかっていたが、それがいつの時代のもので、どのような様子であったのかはわからず、学術的に評価されることも少なかった。

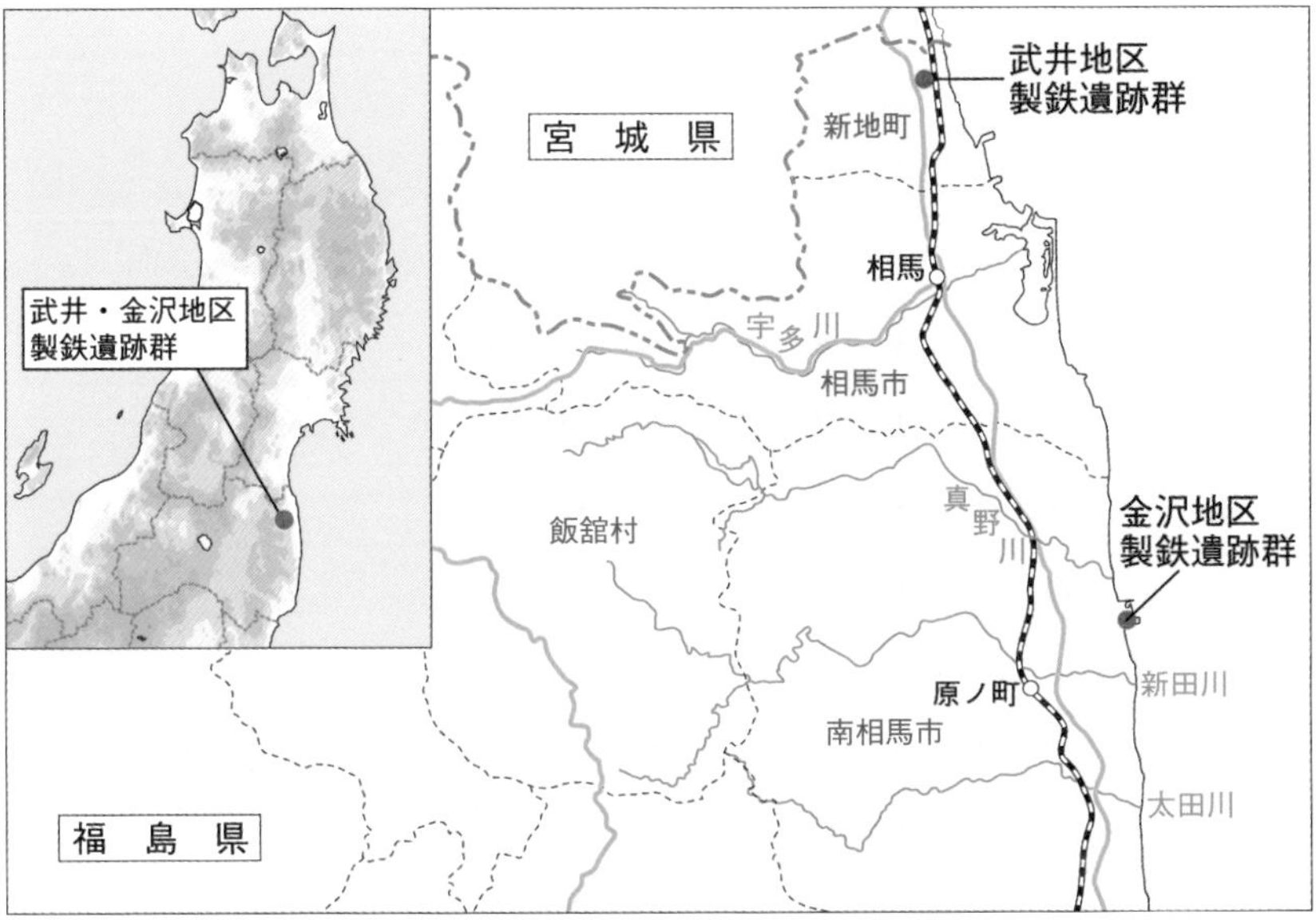

図１ • 福島県浜通り地方と武井（ぶい）・金沢（かねざわ）地区製鉄遺跡群

図２ • 金沢地区製鉄遺跡群の遠景
阿武隈高地（写真上側）から太平洋に突き出すようにある丘陵地（中央）が金沢地区製鉄遺跡群。北に真野川が流れ、直下に浜砂鉄の堆積した砂浜が広がる。

たとえば、浜通り地方でも宮城県と接する北部の新地町《しんちまち》「金子坂《かなこざか》」遺跡は、その名のとおり「かなごいし」がたくさん出土する遺跡であるが、地元では江戸時代のたたらの跡と考えられてきた。それが発掘調査をしてみると、「かなご」は古代のものであることが判明し、金子坂遺跡は九世紀に鉄づくりがおこなわれた製鉄遺跡であることがわかったのである。

「かなごいし」と称されて、顧みられることがなかった、どちらかというと石ころと同じように邪魔物扱いされていたものが、発掘調査のメスが入ることによって、東北の古代史を明らかにするうえで欠くことのできない重要な考古資料として再発見されたのである。

鉄づくりの工程

古代の鉄づくりは、まず原料となる豊富な砂鉄と、燃料となる木炭の原料としてクヌギやナラと

図3●製鉄の痕跡を示す鉄滓

いった雑木が必要である。

福島県の浜通り地方は、砂浜が黒く見えるほどの砂鉄があった（図4）。花崗岩地帯である阿武隈《あぶくま》高地から川を経て流れてきた砂鉄は海に出て、波による自然の比重選鉱により、砂浜に層になって堆積する。いわゆる「浜砂鉄《はまさてつ》」である。この豊富な原料の存在がこの地方の鉄生産の契機となったことは容易に想像できる。

また現在は植生が変わってしまったが、浜通り地方にはクヌギやナラなどの雑木が豊富にあったことがわかっている。手工業生産はどの時代でも原料立地であった。

さて、鉄づくりにはいくつかの工程が想定できる。「製炭→製錬→精錬→鋳造《ちゅうぞう》・鍛《たん》造《ぞう》」の諸段階である（図5）。

「製炭」は、燃料となる木炭をつくる工程である。古代に、木炭を窯で焼成《しょうせい》したこと

図4 ● 鹿島区・烏崎の浜辺
金沢地区製鉄遺跡群の北、真野川河口に位置する砂浜で、黒く見えるのがすべて浜砂鉄。古代には層をなして堆積し、採取できたと考えられる。東日本大震災後は、少なくなっている。

は『延喜式《えんぎしき》』などの文献からも知られている。

「製錬」は、原料の砂鉄を燃料である木炭で溶かし、砂鉄に含まれている金属の溶融温度の違いにより、鉄と鉄滓を分離する工程である。製鉄（製錬）炉でおこなわれるこの二つの工程を経て、理論的には鉄をつくり出すことができる。本書でくわしくみていくのもこの二つの工程の遺構である。

「精錬」は、製錬の工程から得られた鉄塊の炭素量や滓《さい》成分を調整し、加工しやすい性状の鉄素材にする工程である。円筒形の小型自立炉で、再度溶融・分離する。

そして最後に「鋳造」「鍛造」によって実際に製品がつくられる。

「鋳造」は、溶解炉で溶かした鉄素材（鉄塊）を鋳型に流し込んで製品化する工程で梵鐘《ぼんしょう》・仏具や鍋・釜などがつくられる。一方、「鍛造」は、鉄素材（鉄塊）を炉で加熱しながら、鍛錬して製品化する工程である。一般には鍛冶《かじ》ともいわれ、鎧《よろい》・大刀《たち》や刀子《とうす》・鎌などの武器・武具や利器がつくられる。

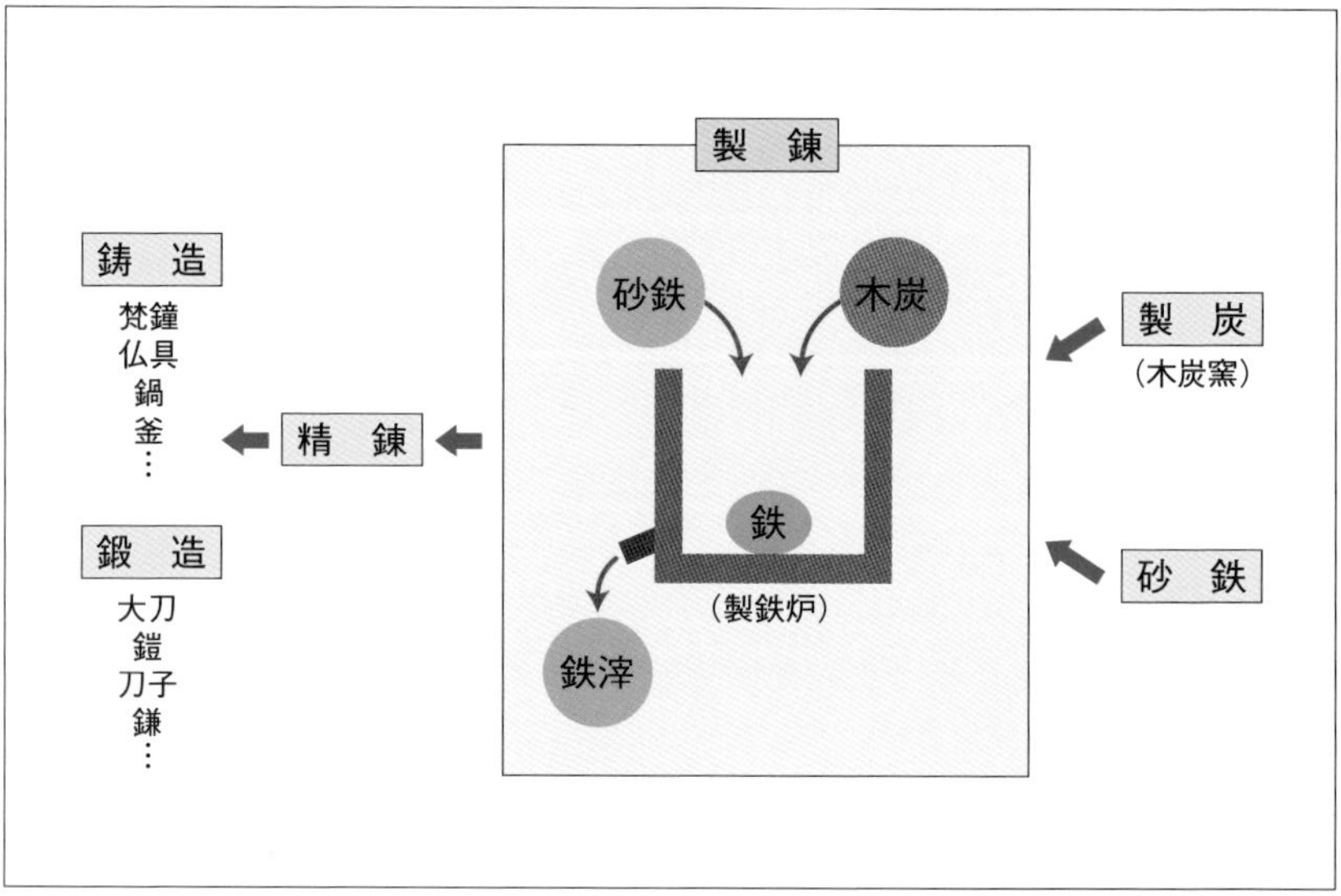

図5●古代の鉄づくりの工程

2　姿をあらわした製鉄遺跡群

福島県の製鉄遺跡に本格的な発掘調査の手が入ったのは一九八〇年代に入ってからのことであった。まず一九八四〜八七年にかけて、金子坂遺跡よりも北に五〇〇メールほど行ったところにある福島県新地町の武井《ぶい》地区製鉄遺跡群の発掘調査がおこなわれた。

武井地区（図６）は、西に阿武隈高地を背にし東に太平洋が広がる相馬《そうま》丘陵の末端、標高二〇〜三〇メートルの独立的な低丘陵にある。この丘陵地帯は凝灰岩質砂岩《ぎょうかいがんしつさがん》や泥岩《でいがん》を基盤としていて、頂から尾根にかけて一九の遺跡、約四万五〇〇〇平方メートルを調査し、木炭窯一三五基、土坑九六基（うち七六基が木炭焼成坑）、製鉄炉一六基、鋳造遺構九基、竪穴住居跡三五軒、須恵器窯《すえき》一基、墳墓二基、掘立柱建物跡三棟がみつかっている。

さらに一九八八〜九四年には、武井地区より約二〇キロ南に位置する福島県南相馬市原町《はらまち》区の金沢《かねざわ》地区製鉄遺跡群の発掘調査がおこなわれた。

金沢地区（図７）では一一遺跡、二二万四九六〇平方メートルを調査し、木炭窯一五二基、土坑六〇六基、製鉄炉一二三基、鍛冶炉二〇基、竪穴住居跡一三九軒、掘立柱建物跡三〇棟、墳墓一四基、須恵器窯一基などを発見した。

こうした両地区の一〇年間にわたる発掘調査が大きな画期となって、製鉄がおこなわれた時代やその内容、歴史的な意義が明らかになり、製鉄遺跡の評価が飛躍的に高まっていくことになったのである。

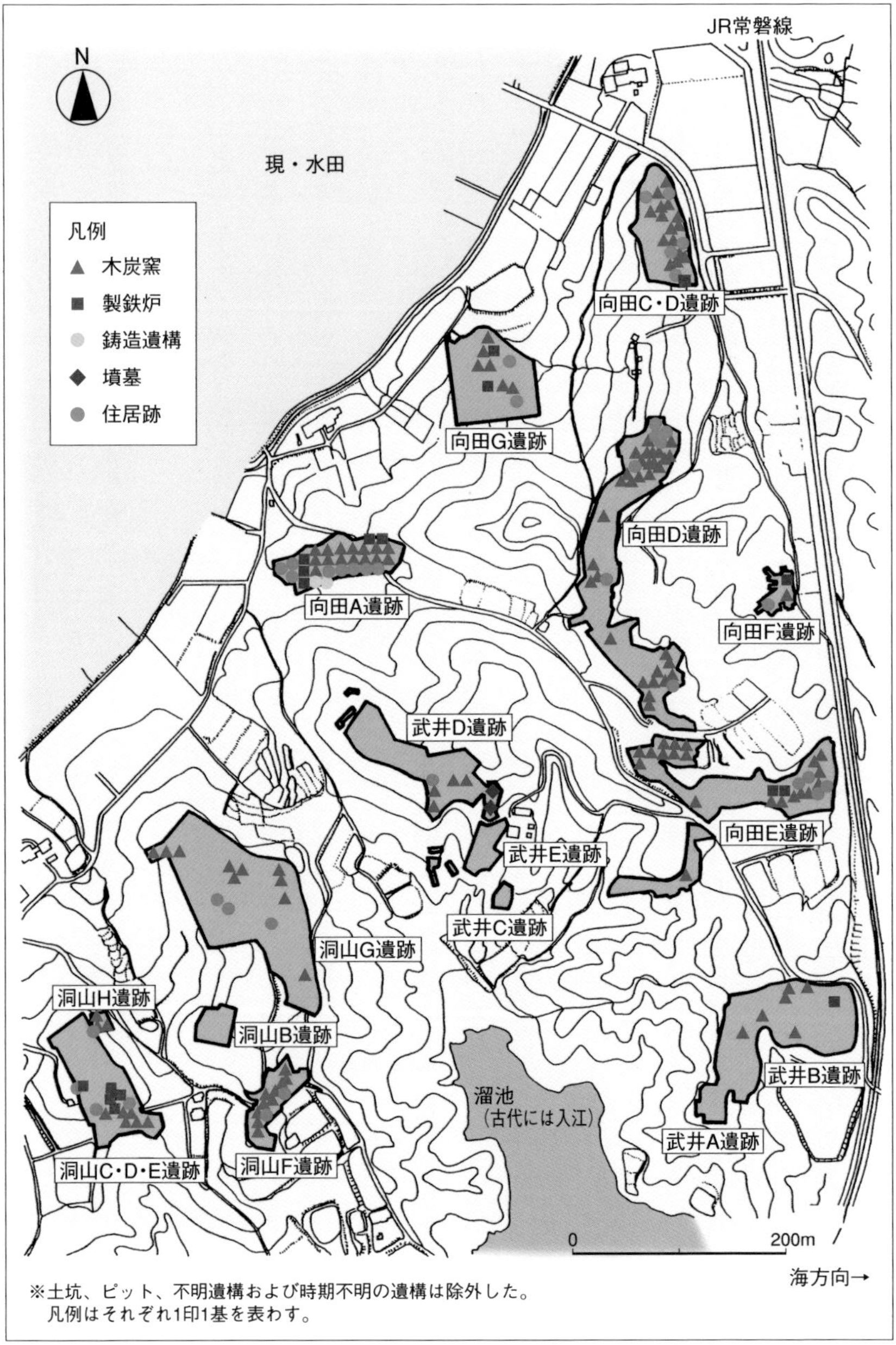

図6 ● 武井地区の製鉄遺跡の分布
谷を境にして向田・武井・洞山の3地区で構成される。

現在、福島県では阿武隈高地から浜通り地方を中心に六〇〇カ所を超える古代から近代までの製鉄遺跡の存在が確認されている。

とくに、福島県浜通り地方北部では二〇〇カ所以上の製鉄遺跡が確認され、「古代製鉄のメッカ」とも評されるようになったのである。

なお、生産工程や遺構・遺物の理解については、研究者によって異なり多くの議論がある。また、調査所見についても調査者で必ずしも同じ見解とはなっていない。

本書は、発掘調査報告書および鈴木啓《けい》・寺島文隆《ふみたか》・安田稔・吉田秀享《ひでゆき》・能登谷宣康《のぶやす》・門脇秀典らの諸論考に、私見を交えて記述していくことをご理解いただきたい。

図７● 金沢地区の製鉄遺跡の分布
Ａ〜Ｈの谷を単位として生産が展開していた。とくにＡ・Ｂ谷の奥や㋺〜㋭に、７世紀後半の製鉄が成立した。㋑は管理施設である。

3 律令国家と製鉄遺跡群

この武井・金沢両地区を政治的にみると、武井地区は陸奥《むつ》国の宇多《うだ》郡に、金沢地区は陸奥国の行方《なめかた》郡に属し、国府多賀城《たがじょう》の管轄域にあった（図8）。

行方郡の『和名抄《わみょうしょう》』所載郷には「真吹《まふき》郷」とあり、『万葉集』には「真金《まがね》吹く丹生《にう》の真朱《まそほ》の色に出て言わなくのみそ吾が恋うらくは」（巻一四―三五六〇）と詠われている。「真金吹く」とは製錬をさすといわれ、金沢地区を含む地域が「真吹郷」と推定されている。このように文献からも、武井・金沢地区が製鉄で知られていたことをうかがうことができる。

古代、陸奥国は最北の国で、陸奥国のなかでも律令国家の支配の浸透度には地域差があったようだが、現在の福島県域はほぼ国造制《こくぞうせい》の施行地域で、七世紀中葉には令制国《りょうせいこく》が設置され、建《けん》評《ひょう》された地域であり、律令国家の支配が貫徹していた地域といえよう。

武井地区の周辺には、宇多郡衙《ぐんが》があったとされる黒木田遺跡や七世紀に瓦・須恵器を焼いた善光寺・高田窯跡、七世紀からの須恵器・鍛冶工人の村と考えられる三貫地《さんがんじ》遺跡があり、金沢地区の周辺には、行方郡衙である泉廃寺跡（現・泉官衙遺跡）や金銅製双魚佩《そうぎょはい》を出土した真野古墳群、羽山《はやま》装飾横穴などがあるように、行政的にも重要な地域と重なる。

本書では以下、発掘調査でわかった古代の製鉄遺跡群を解説しながら、古代の製鉄がどのようにおこなわれていたのか、何をつくっていたのか、そしてだれが何の目的で振興したのか、とくに律令国家の対蝦夷政策との関連でみていくことにしよう。

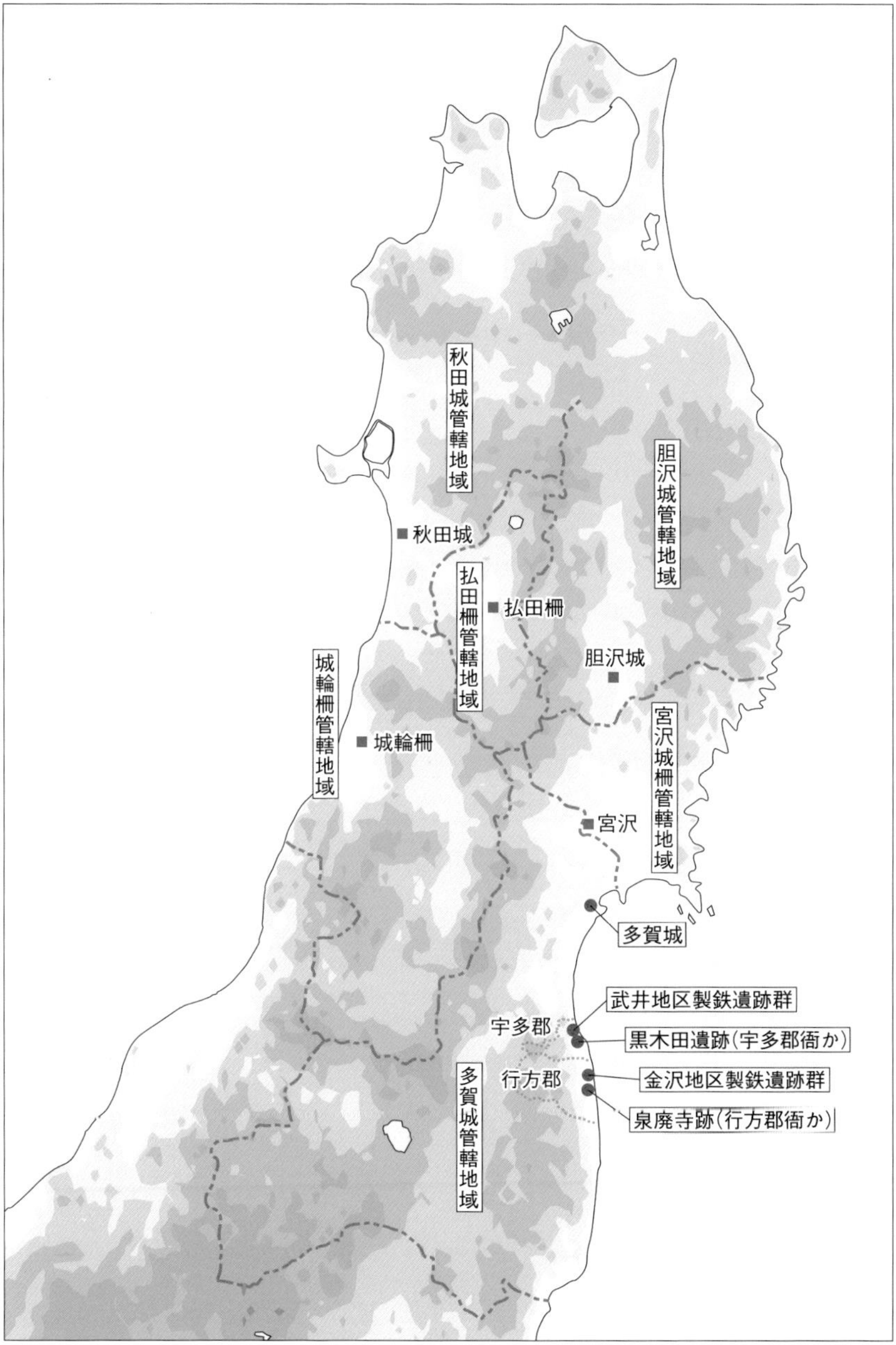

図8 ● 律令時代の東北地方の城柵と宇多郡・行方郡
武井地区が宇多郡、金沢地区が行方郡に属し、ともに国府多賀城に近い。

第2章　木炭窯を掘る

1　木炭窯の種類

「あっ、掘りすぎた！」

一九八四年の晩秋、私は武井地区の向田《むかいだ》D遺跡の調査に参加した（図9）。製鉄遺跡とのはじめての出会いである。それまで製鉄遺跡を発掘した経験はなく、参考にする先行研究も少なく、概説書もなく、「何が出てくるのかなあ？」という不安な思いを胸に参加したことを、今でも鮮明におぼえている。

向田D遺跡はナラ・サクラ・モミなどの雑木が繁茂する山林にあった。調査のため木を伐採し、下草を刈り払い、後に重機で表土を剝いでいった。遺構は地表でくぼんで確認できたので、遺構のある部分は表土から人力で掘り下げていった。

このくぼみが「製鉄炉なのか、木炭を焼く窯なのか、あるいは何か別の遺構なのか？」まったくわからず、表土から一層ずつ、悩みながら慎重に掘り下げた。赤く焼けた壁や天井の崩れた塊が出るたびに、「掘りすぎたか」と思い、「ドキッ」とし、なかなか遺構の底面がみつからず、どんどん深くなり、深さ一メートルを超えてしまった。凝灰岩質砂岩や海岸段丘礫層《れきそう》に掘り込まれていたので、庇《ひさし》のように張り出した天井や壁がたびたび崩れ危険であった。

深さ二メートル弱でようやく底面に木炭層を確認した。しかし、移植ゴテのひと削りで、薄い木炭層と薄く弱く焼けた酸化面は一瞬にしてなくなり、地山の凝灰岩質砂岩となった。「あっ、掘りすぎた！」と私はつぶやいた。

図9 ● 武井地区の向田D・E・F遺跡
左上方が阿武隈高地、右上方に間近に見えるのが太平洋。写真手前から太平洋へ向けて張り出すようにのびる尾根上に製鉄遺跡がある。こちら側に向いている南斜面に多数の木炭窯が分布している。

こうして二カ月ほどかけて、この遺構が、穴蔵のようにつくられた地下式窖窯《あながま》の木炭窯であることがようやくわかったのである。

地下式窖窯の木炭窯

この遺構（向田D遺跡1号木炭窯）は全長約一一メートル、幅約一・五メートルと大型の地下式窖窯の木炭窯で、地下に掘られた焼成室《しょうせいしつ》は幅一・五メートル、長さ約四・九メートルの長方形である。底面は薄い木炭層と酸化面があるがあまり焼けていない。奥壁《おくへき》・側壁《そくへき》は青黒い還元面と酸化面が確認でき、硬く焼け締まっている。木炭窯は、原料の木材が赤熱《せきねつ》炭化状態になると火を止めて密閉して冷却させるので、窯の底面はあまり焼けないのだ。底面まで強く焼ける状態では、炭ではなく、灰になってしまう。

焼成室の手前につくられた作業場は、幅約一メートル、長さ約六メートルの逆三角形の形をしていて、作業場に至る溝状の通路が付属する。作業場の地面

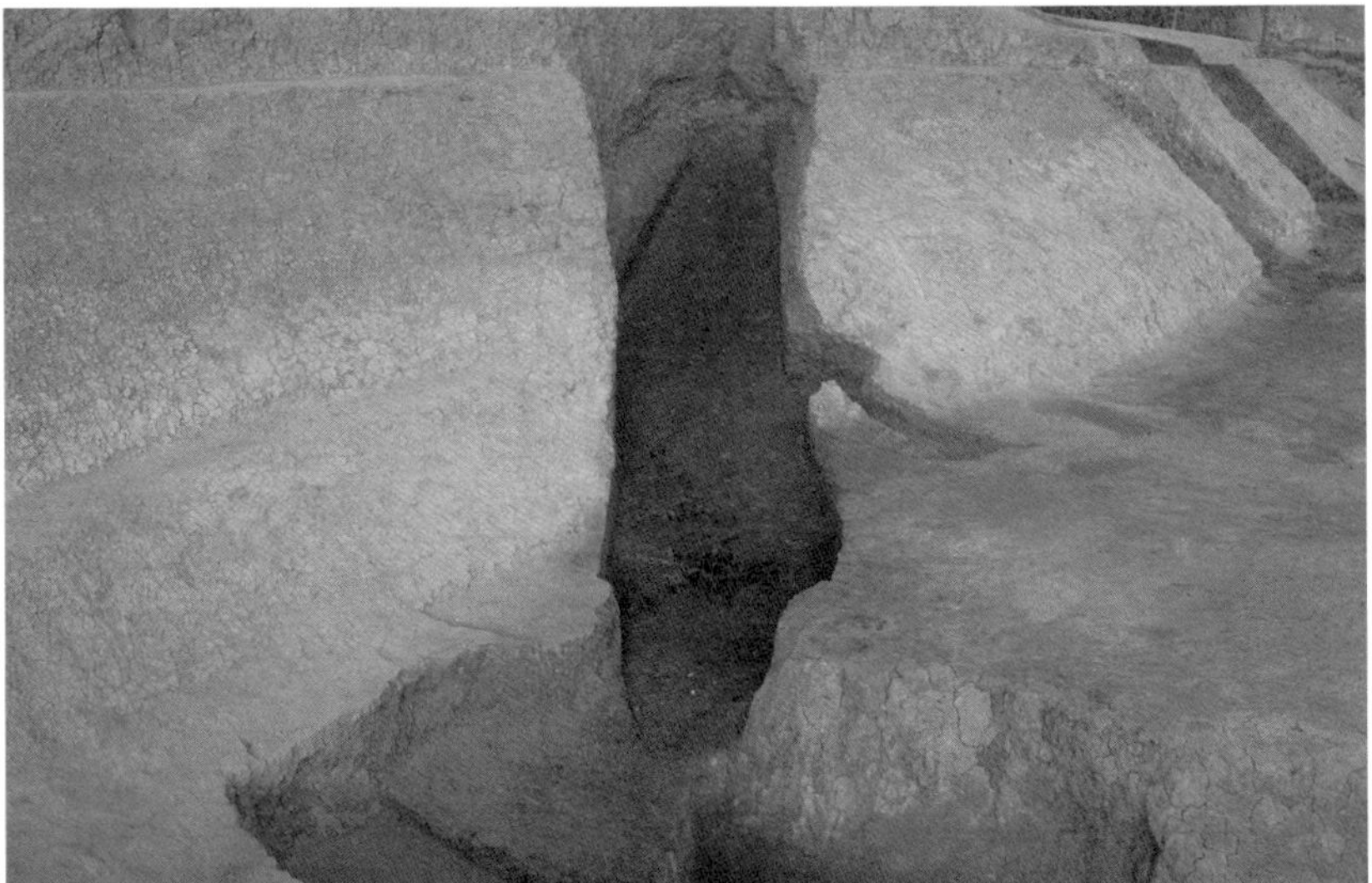

図10 ● 掘り上げた地下式窖窯の木炭窯（向田A遺跡7号木炭窯）
手前が作業場で、本来はそこからトンネル式に掘られているが、天井は長い時間の経過で崩落している。全長6.6 m、幅2.5 m、7世紀後半。

図11 ● 地下式窖窯の復元模型
中央の人がかがみ込んでいる穴が地下式窖窯の焚口。その右下側の窯は地下での作業を見せるために天井を開けてある。福島県文化財センター白河館（まほろん）展示。49ページ、図42参照。

図12 ● 掘り重なって発見された地下式窖窯（向田Ｅ遺跡６～８号木炭窯）
右から左へ連続してつくられていった。手前の方形の作業場には多量の炭が堆積していた。７世紀後半。

の下層には焼土等を含む木炭層が堆積し、堆積状況から二回以上操業されていたことが推定できた。

地下式窖窯の木炭窯での木炭づくりは、まず冬にあまり風当たりの強くない南・東向き斜面を選定して伐採をおこない、作業場を木製鋤《すき》・鍬《くわ》などで掘削して構築し、焚口付近からは幅一〇～二〇センチの方形の手斧《ておの》状の工具で焼成室をトンネル状に掘削し、煙道は焼成室と地表の両側から掘削する。

掘削後、高温で空焚きして、壁・天井を硬化・強化する。水分を除去し、除湿効果もあった。

そして径一〇～二〇センチ、長さ三〇～五〇センチの丸材・割材を奥壁から順次立て並べ、焚口から約一メートル上くらいまでびっしり窯詰めする。現在の炭窯の窯詰めと基本的には同じである。

こうして焚口から窯焚きする。壁面や天井の還元状態から、八〇〇度以上で焼成したことがうかがえる。焼成室や作業場から鉄滓や炉壁、礫が出

図13 ● 木炭窯の底にとり残された木炭（向田G遺跡3号木炭窯）
底面の奥壁側に木炭がとり残されていたため、窯詰めの状況がわかった。材はクヌギやクマシデである。8世紀後半。

土することから、これらが閉塞材に使われたことが推測され、焚口と煙道を閉塞して、消火したと考えられる。いわゆる窯内消火法である。

樹種はクヌギ・ナラが圧倒的で、クリ・シデ類がそれに次ぐ。比較的古い木炭窯は丸材が使われ、新しい木炭窯は割材を使う傾向があり、森林資源の減少の傾向がうかがえる。発熱量は二〇〇〇〜五五〇〇カロリー／グラムで、一応良質な木炭が焼成されていたといえる（図13）。

木炭焼成坑

武井地区の武井A遺跡では、一辺が約一三〇〜九〇センチ、深さ約五〇センチの整然とした長方形の土坑を発見した。これ以降、武井地区では七〇基を超える同様の土坑を発見し（図14）、さらに周辺の遺跡でもつぎつぎと発見した。金沢地区では約六〇〇基もの同種の遺構が発見されている。「これは何だろうか？」と大いに議論になった。

図14 ● つぎつぎとみつかった土坑（武井A遺跡3号土坑）
長さ127cm、幅86cm、深さ30cmで、整然とした長方形である。

特徴は底面のすぐ上に木炭層が堆積し周壁《しゅうへき》が木炭層の上部まで赤く焼けていることであった。

その機能や用途について、墳墓説や火葬所説など多くの意見があった。しかし現在では、①壁面が硬く焼け締まり、底面がほとんど焼けていないという焼け方、②底面直上での木炭の堆積、③人為的な堆積などの要件や焼成実験の結果から、ほとんどは「木炭焼成坑」と考えてよいようである（**図15**）。

木炭焼成坑での木炭づくりは、まず冬に風当たりの強くない斜面や尾根・沢部を選定し、平均一一〇～七〇センチの長方形の土坑を掘削し、坑内に横に材を何層にも敷き並べて、点火・炭化させる。民俗例では攪拌《かくはん》したりして、炭化や小炭化を促進する。その後掘削した土を被せて、消火する。一種の窯内消火法であろう。樹種はナラ・クヌギが多いが、一方でクリの比率も高く、鍛冶炭の可能性を示唆している。発熱量は一八〇〇～四六〇〇カロリー／グラムと木炭窯の木炭と大差ない。

図15 ● 木炭焼成坑の底面と壁面
周壁は赤く酸化しているが、底面はあまり焼けていなくて、炭が堆積している。

横口付木炭窯の発見

武井地区の洞山《ほらやま》F遺跡では、南東向き斜面に、左右対称に立地する二基の横口付《よこぐちつき》木炭窯を発見した（**図16**）。

当初は木炭が散布しているだけだったので、斜面上方に焼成室があると想定して、地山を約一メートル掘り下げ窯の検出を試みたが発見できなかった。そこでやむなく水平方向に発掘を試み、ほぼ等高線に平行の窯体《ようたい》を検出した。さらにその横に作業場を検出した。東北地方ではじめて発見された横口付木炭窯である（**図17**）。

二基の横口付木炭窯は斜面に対して水平に、対をなすように立地し、焼成室・煙道・焚口・焚口作業場・横口・横口作業場・排水溝で構成されている（**図18**）。

図16 ● 洞山F遺跡（2・6号横口付木炭窯）
東北地方ではじめて発見された地下式の横口付木炭窯。南東向きの斜面に2基が対をなすように立地する。窯の周辺にたくさんのトレンチが入っていて、試行錯誤の発掘調査のようすがわかる。7世紀。

図17 ● 横口付木炭窯（洞山F遺跡2号木炭窯）
手前が焚口・作業場、左側が横口・横口作業場。横口作業場から雨水などを排出する排水溝が切られている。全長9.4m、焼成室の幅0.5m。

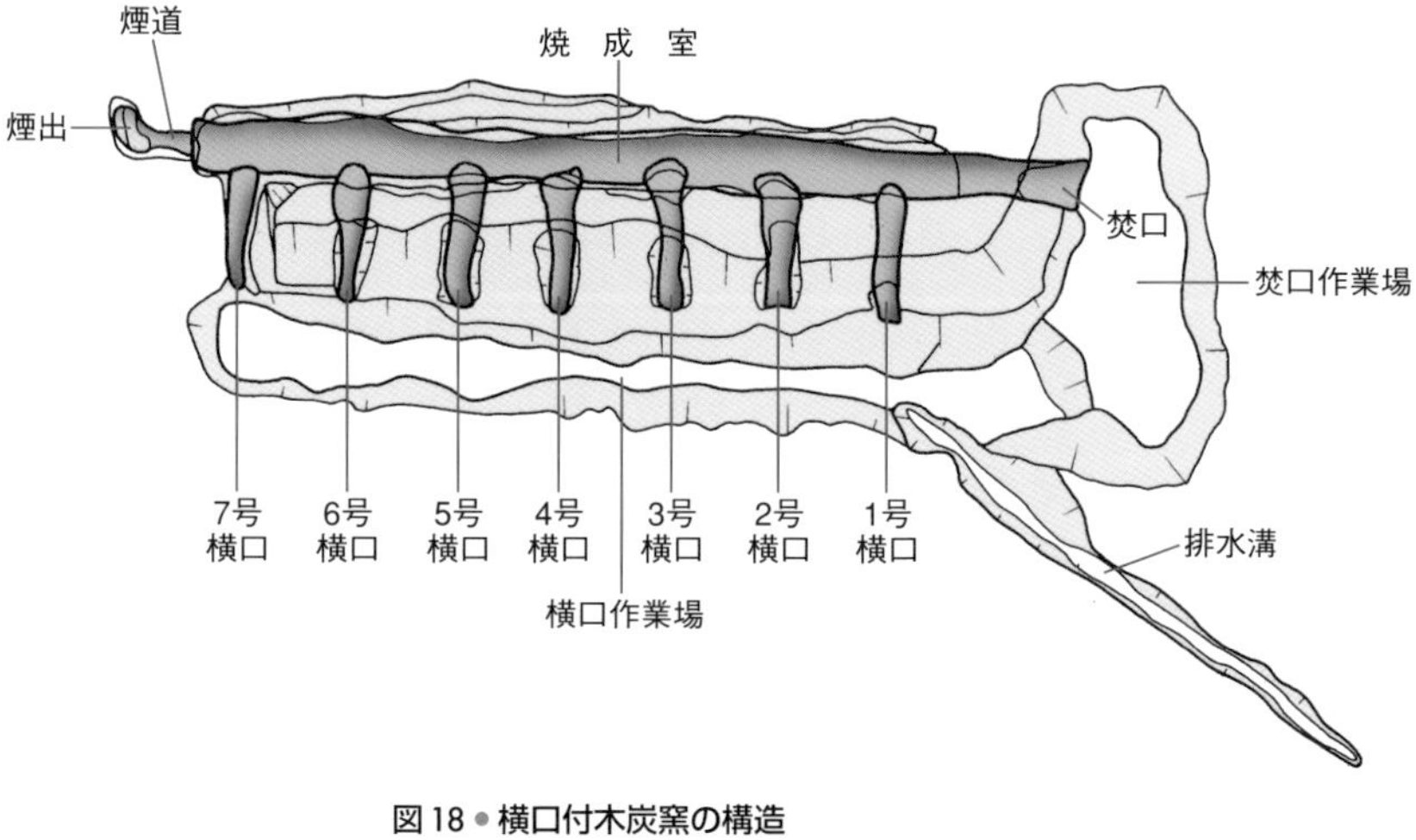

図18 ● 横口付木炭窯の構造
濃い茶色の部分が地下に掘られている焼成室と横口。焼成室の幅は狭く、長い。横口の機能については多くの議論がある。

横口は七〜九基まで多様で、窯出しにも使われている。地下式で、焼成室は幅〇・六〜一メートル、長さ九・四〜一二メートルと細長い長方形となり、天井高は約〇・九メートルである。床面はわずかに傾斜する。

2　木炭窯の展開

武井地区の木炭窯の展開

武井地区で調査された木炭窯は一三五基であり、大きくつぎの三類に分類できる。

Ⅰ類：斜面に平行する地下式の横口の複数付く木炭窯（七基）
Ⅱ類：斜面に斜行する地下式窖窯で、横口が一つ付く（四基）
Ⅲ類：斜面に直交する地下式窖窯（一二四基）

この三類の変遷について明らかになったことを述べよう。

Ⅲ類の地下式窖窯が圧倒的に多いことがわかる。Ⅰ類の横口付木炭窯は、東北地方では武井・金沢地区でのみ発掘され、地下式という地域色はあるが、北九州・中国・畿内・関東地方でも発見されていて、西日本に由来する形態といえる。時期は七世紀の第３四半期前後であり、製鉄導入期の木炭窯である。

その後、木炭窯は、Ⅰ類→Ⅱ類→Ⅲ類へと、七世紀後半のなかで急速に展開したことが明らかになっている。

向田A遺跡では、Ⅲ類の木炭窯が操業している間に、窯体《ようたい》を整地拡張して須恵器を焼成していたことがわかっているが、その須恵器窯は七世紀の第4四半期の年代が推定される。

つまり、西日本から導入されたⅠ類の木炭窯は（製錬では後に述べる箱形炉の技術とともに）、過渡期のⅡ類の木炭窯や須恵器工人などとの技術交流を経ながら、七世紀末以降、Ⅲ類の木炭窯へ短期間のうちに展開し、Ⅲ類の木炭窯が圧倒的となる。ただし、小型化したⅠ類木炭窯（報告書ではⅠb類）は九世紀前半に向田A・D遺跡で確認でき、鋳造技術とともに新たに導入されたと考えている。

木炭窯の窯数を時期別にみると、七世紀後半と九世紀前半にピークがあることがわかる。

使用された木材は、七世紀後半にはクヌギやナラが圧倒的であるが、八〜九世紀にはクヌギ・ナラの比率が減少しクリやシデ類・カエデ・サクラ

図19 ● 木炭窯からの木炭出土状況（洞山F遺跡3号木炭窯）
焼成室の上半分に木炭が約400本残されていた。太さ10㎝、長さ30㎝ほどの割材が多く、ナラ・クヌギが主である。9世紀後半。

が増加し、さらに一〇世紀になると再びクヌギ・ナラの比率が増加する。七世紀後半での急速な生産拡大と植生破壊が、約二〇〇年かかって再生したことがわかる。その間、計画的な生産も推測される。

なお、約七〇基発見されている木炭焼成坑については、クリ材が含まれる点や文献史料などから、鍛造で使用する炭の可能性が指摘されている。

金沢地区の木炭窯の展開

一方、金沢地区においても、七世紀中葉から一〇世紀前葉の一五三基の木炭窯が調査された。そのうち横口付木炭窯は一基のみで、一五二基は地下式窖窯であった。

鳥打沢《とりうちざわ》A遺跡では、半地下式の横口付木炭窯があった。焼成室は幅約〇・八メートル、長さ約一四メートルで、地下式の煙道と九基の横口が付設されている。七世紀中葉から後葉の可能性が高く、鉄生産導入期の木炭窯であろう。その形態は滋賀県野路小野山《のじおのやま》遺跡や岡山県の事例に類似するという。武井地区の初期の横口付木炭窯はすべて地下式であるが、金沢地区では半地下式で導入された点が注目される。

金沢地区では、およそ三〇〇年間に、一五三基におよぶ地下式窖窯の木炭窯で四〇〇回以上操業したと推定できる。窯の規模にもよるが、一回の操業で一二〇〇本前後窯詰めしたとすると、少なくとも四八万本以上の木炭を生産したことになる。膨大な生産量の一端をうかがうことができる。

第3章　製鉄炉を掘る

1　箱形炉

むずかしい製鉄炉の発見

製鉄炉の調査は、木炭窯以上に未知の世界であった。製鉄炉がわかりにくいのは、「製鉄炉の宿命」にあると私はよく思う。製鉄炉は炉内に生成した鉄をとり出すために、つねに壊される宿命にあるからである。遺構として想定される構造を相当意識して調査しないと、あったものもなくなってしまう、見えなくなってしまうことがよくある。

最初は廃滓場《はいさいば》の山の中に炉をさがしたり、作業場を製鉄炉ではないかと疑ったこともたびたびあった。しかし、最終的には炉、送風施設、作業場、木炭・砂鉄置き場、水溜などの一連の施設があり、炉には必ず地下構造があることもわかった。きわめて合理的な立地や施設配置であることがわかり、その変遷や技術の一端も明らかにできたのである。

東北地方最古の製鉄炉発見

向田E遺跡（図20）では、最古の製鉄炉の調査に遭遇した。

最初、半島状に西側に張り出した尾根の両側斜面におびただしい量の鉄滓を発見した。しかし、炉本体がどこにあるかはまったくわからなかった。

結果的に、炉本体は尾根の頂部に、尾根に直交するように二基が並列してあった。幅〇・四メートル前後、長さ一・四〜二メートルの長方形箱形炉《はこがたろ》で、北に円形、南に方形の作業場、排滓溝《はいさいこう》がともなっていた（図21）。

炉の基礎構造は深さ四〇センチ弱で、石を使用した面もある。周囲には木炭置場・粘土採掘坑などが推定でき、尾根上平坦面では送風作業空間も想定できた。南北斜面に廃滓場が広がり、範

図20 ● 向田E遺跡（1・2号製鉄炉）
尾根上に並立する長方形箱形炉で、赤く見える長方形の溝が炉の跡。その両側に円形と長方形の作業場があり、両側に排滓された。7世紀後半。

囲は最大一二メートルにおよぶ。

二基合わせて七回の操業が確認できた。廃滓量は約五・六トンと多量である。炉に風を送る管である羽口《はぐち》は出土していない。

この炉は、両側排滓の縦置きの長方形箱形炉に分類でき、出土遺物と炉の形態・構造から七世紀第3四半期のものとわかった。東北地方で最古の製鉄炉の発見である。

中国地方・畿内や東海・関東に類例があり、西日本から伝わった技術による製鉄炉であった。羽口が出土しないことから自然通風と考えられるが、近年の福岡県元岡遺跡群での木製羽口の出土を考慮すると、強制送風も検討すべきであろう。

箱形炉の技術系譜

洞山D遺跡（図22・23）では、両側に排滓したと推定される横置きの長方形箱形炉を発見した。

尾根上の南斜面に立地し、炉は斜面に水平に設置

図21 ● 向田E遺跡1・2号製鉄炉
長方形箱形炉（縦置き）で、基礎構造に石を並べているのが特徴。

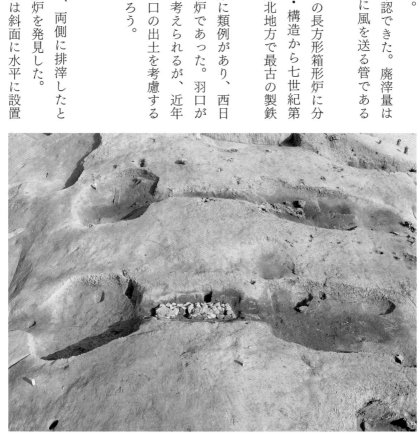

され、東西に作業場があるL字形となっている。基礎構造は二〇〜三〇センチと浅いが、長辺の壁面にそって石が並べられている特徴がある。羽口は出土していない。七世紀後半と考えられ、やはり西日本を起源とする技術とされた。

製鉄技術が導入された七世紀後半から長方形箱形炉は縦置き、横置きの二つの形態があった。縦置きがやや先行する。この二形態は八世紀以降も踏襲され、古代宇多郡では一〇世紀まで継続する形態である。

八世紀中ごろには製鉄炉から羽口が出土し（図24）、炉周囲に強制送風の空間が想定できるものもあり、安定した送風技術が確立し

図22●洞山C・D・E遺跡の長方形箱形炉（横置き、3・4号製鉄炉）
2基1対で並立している。逆L字形の北側（上方）が炉で、L字形に排滓溝がのびる。8世紀。

たといえる。そして、八世紀中ごろから九世紀前半には、武井地区の向田G遺跡で、一基一六トンを超える廃滓量の製鉄炉が確認できた（図25）。

向田G遺跡では、九世紀前半の片側排滓の縦置きの長方形箱形炉の遺構から、製鉄炉の復元を試みた。炉壁接合作業の結果、炉底周囲に高さ一〇センチの粘土を貼り付け、その上に幅一〇センチ、厚さ二〇センチ、高さ五〇センチの藁入りの粘土をレンガ状に縦に並べて一周させ、さらに上部を粘土で押さえる構造であることがわかり、炉表面は粘土が塗り込めてある。羽口はレンガ状粘土の合わせ目に付設されたことがわかった。こうして構造の一端を明らかにできたのである。

製鉄炉は破壊されるのが前提である以上、炉の構造を復元するうえで、廃滓場から出土する炉壁・炉底の接合・復元作業は不可欠である。

図23 ● 洞山C・D・E遺跡の1号製鉄炉跡
横置きの長方形箱形炉で、流出滓が良好な状態で残っている。7世紀後半。

図24 ● 武井地区の製鉄炉からみつかった羽口
炉に風を送る土製の筒で、炉壁に装着されるものが多い。製錬時に長さ20 cm前後あり、内径約2.4 cm、外径約8〜12 cm。8〜9世紀。

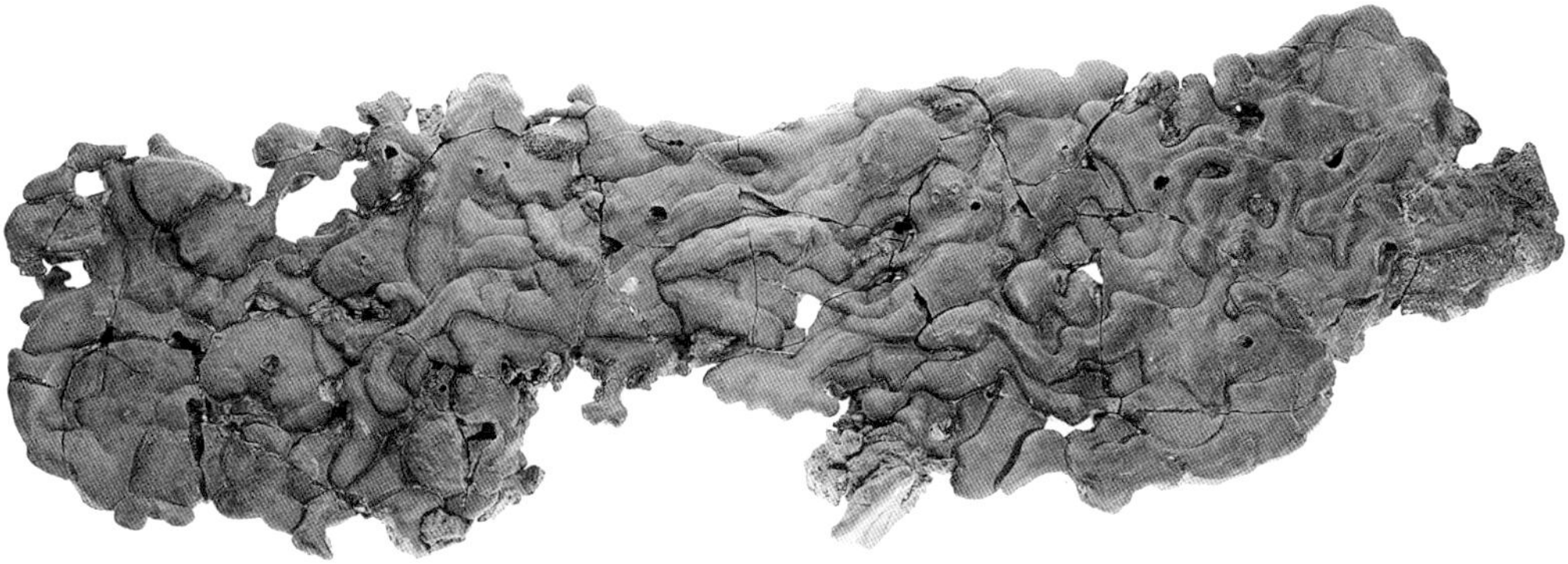

図25 ● 製鉄炉の排滓溝から出土した流出滓
出土片を接合して元の形に復元。長さ70 cm、幅20 cm、厚さ5 cm。鳥打沢A遺跡の9号製鉄炉。8世紀後半。

完成された生産技術・生産体制の導入

金沢地区では、七世紀中葉から後葉とされる製鉄炉は長方形箱形炉二〇基で、一〇六トンの廃滓量となる。横置きは一基のみで、一九基は縦置きであった。縦置きの箱形炉は南にのびる尾根の先端頂部に立地し、作業場を含めて長方形を基調とした平面形になる。羽口の出土例はわずかで、送風施設が不明である。両側に排滓される特徴がある。基礎構造が浅く、礫敷《れきじ》きのものがあり、粘土を付設して炉底としている。

七世紀の箱形炉は、南側から切り込む谷の東端あるいは中央の谷に多く立地し（**図7参照**）、大船迫A遺跡では一時期に大型竪穴住居跡一軒と小型竪穴住居跡二〜三軒と鍛冶炉がともない、最低一〇名程度の工人集団が滞在したと考えられる。完成された生産技術・生産体制が一気に導入され、当初から安定した生産体制であったことがうかがえる。

2　竪形炉

竪形炉の出現

武井地区では、八世紀後半になると、向田A・D遺跡（**図26**）で竪形炉《たてがたろ》が出現する。竪形炉の起源についてては不明で、畿内以西で発見例はなく、東国で成立したと考えられていた。

その系譜については、北アジア起源説や韓半島南部の精錬鍛冶炉の一種を転用した説、あるいは鋳造溶解炉にその系譜を求める説など諸説があった。しかし近年、大道和人は紫香楽宮《しがらきのみや》期の鋳造工房（滋賀県鍛冶屋敷《かじやしき》遺跡）の調査から、踏みふいごと大口径羽口（通風管）の共通性を指摘し、鋳造溶解炉として導入された技術で、東日本で竪形炉が開発されたとする卓見を示している。

向田Ａ遺跡の竪形炉（図27）は南向き斜面に立地し、内径四五〜五五センチ、高さ九五センチの隅丸方形の筒形で、地下式であり、炉の後部に作業場および送風施設、炉の前部に三角形の半地下式の作業場および廃滓場が広がる。

「踏みふいご」の構造

竪形炉の炉背部には送風施設が存在した可能性が以前から指摘されてきたが、この向田Ａ遺跡の竪形炉や

図26 ● 向田Ａ遺跡
丘陵上に竪穴住居跡６軒、南斜面に長方形箱形炉３基、竪形炉２基、木炭窯15基、須恵器窯１基、沢奥部（写真右側）に鋳造遺構６基などがある。７世紀後半〜９世紀前半。

図27 ● 向田A遺跡の竪形炉（2号製鉄炉）
中央にみえる穴が地下式の炉跡で、内径50cm、高さ1m。炉の奥側が踏みふいご。手前は作業場で約1.5tの鉄滓が出土した。8世紀後半。

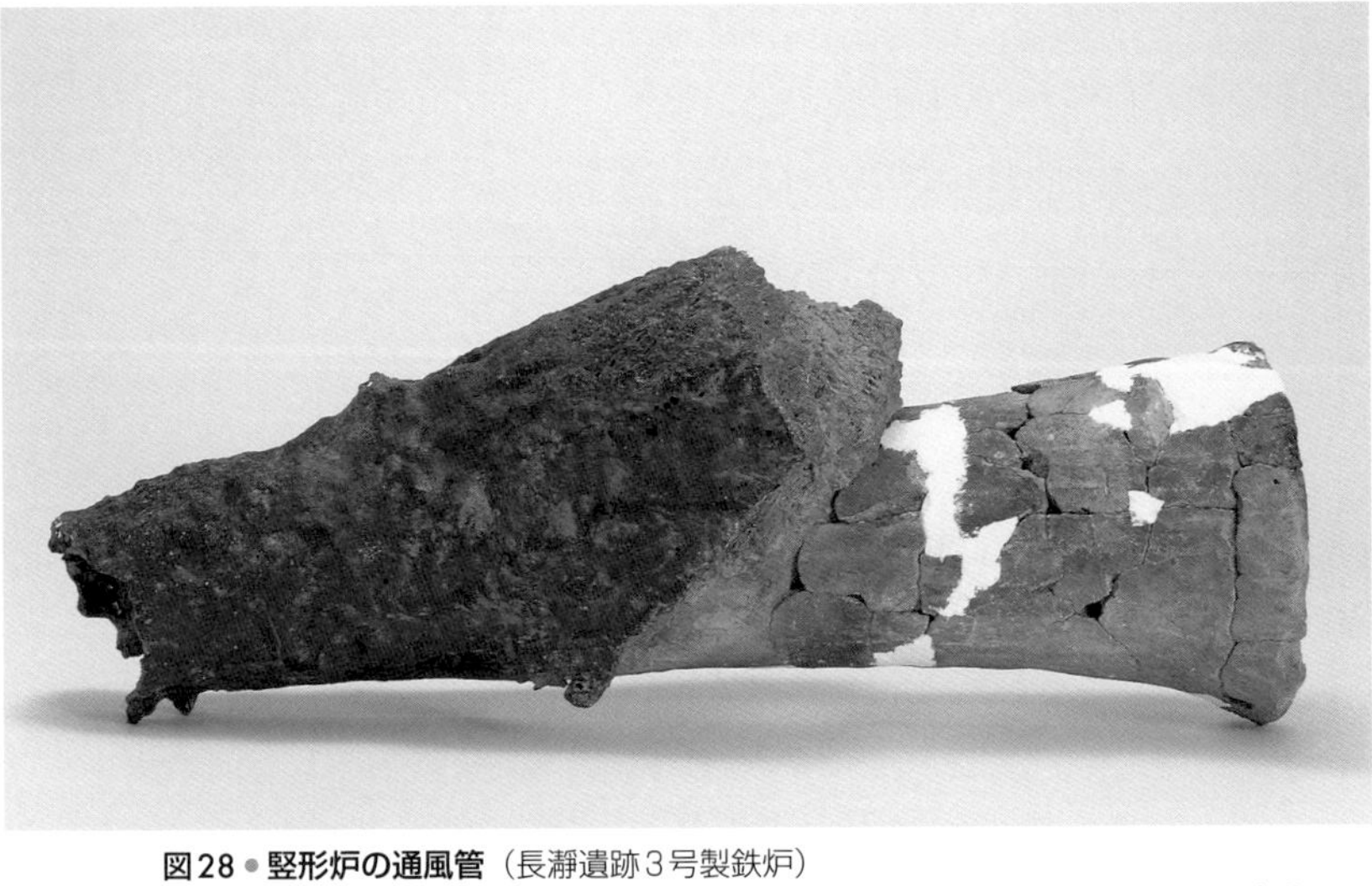

図28 ● 竪形炉の通風管（長瀞遺跡3号製鉄炉）
炉内からほぼ完全な状態で出土した。右側が吸気部、左側が先端。左半分にはスサ入り粘土の炉壁が一体となり、先端まで滓が付着している。

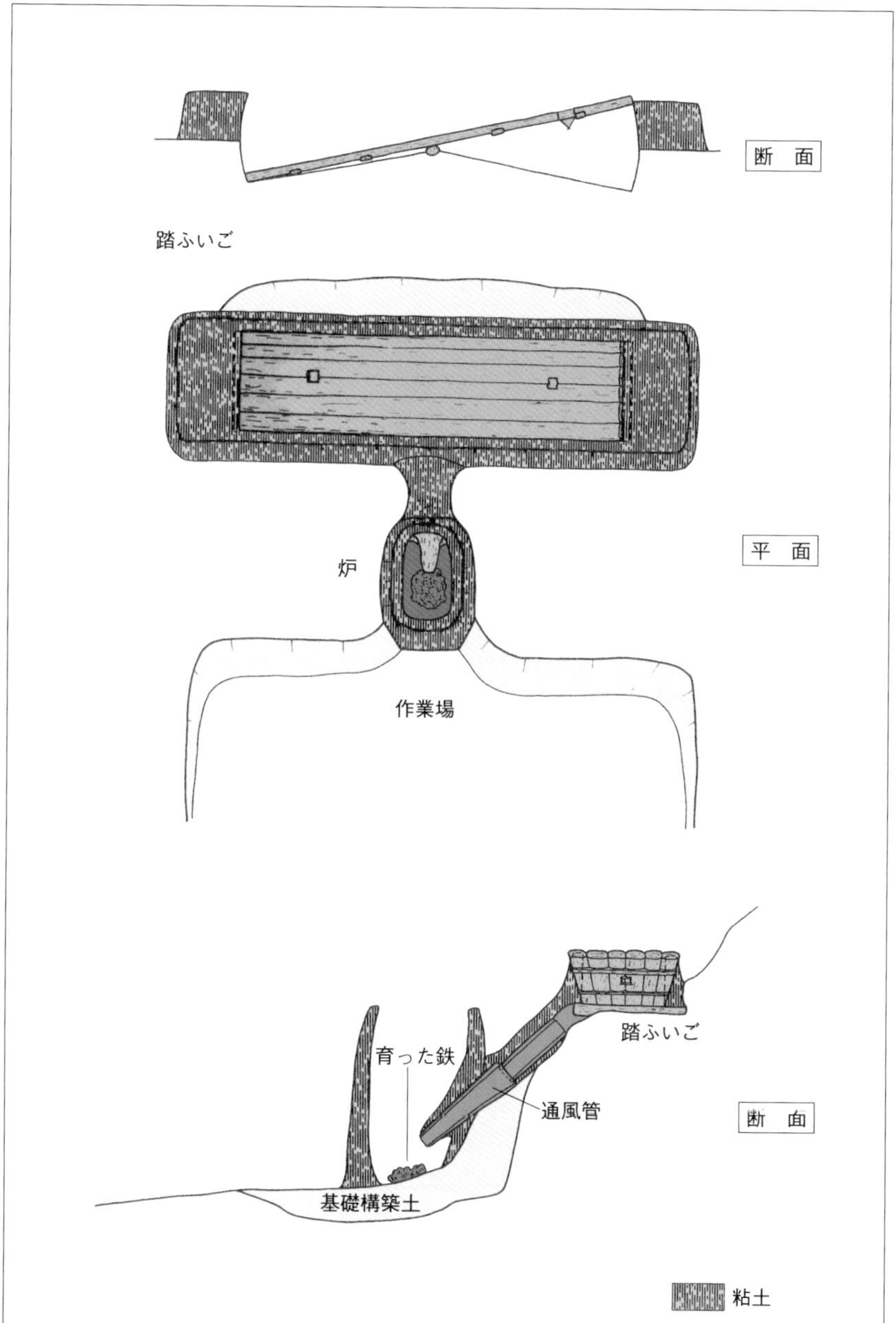

図29 ● 竪形炉の復元模式図
通風管が炉壁と一体でつくられているのが特徴的である。

宮城県多賀城市の柏木《かしわぎ》遺跡の調査などを通じて、「踏みふいご」という送風施設の存在を明らかにできた。「踏みふいご」は、民俗例などを参考に、長辺が二・六〜一・二メートル、短辺が一・六メートルの長方形の半地下式の形態で、中央に炉背から連続する溝があり、それを頂点に底面が傾斜する構造であると推定した（**図29**）。

俵國一《たわらくにいち》著『古来の砂鐵製錬法』（一九三三年刊）によると、「踏鞴《ふいご》の形状は大なる嶋板《しまいた》の中央に支点あり其左右を交互に踏み、嶋板の両側は木板を用い底部は粘土を以て固め、吸入及び押出の二つの辯ありて嶋板の上下運動に依り送風せしむ装置なり」とされ、天明

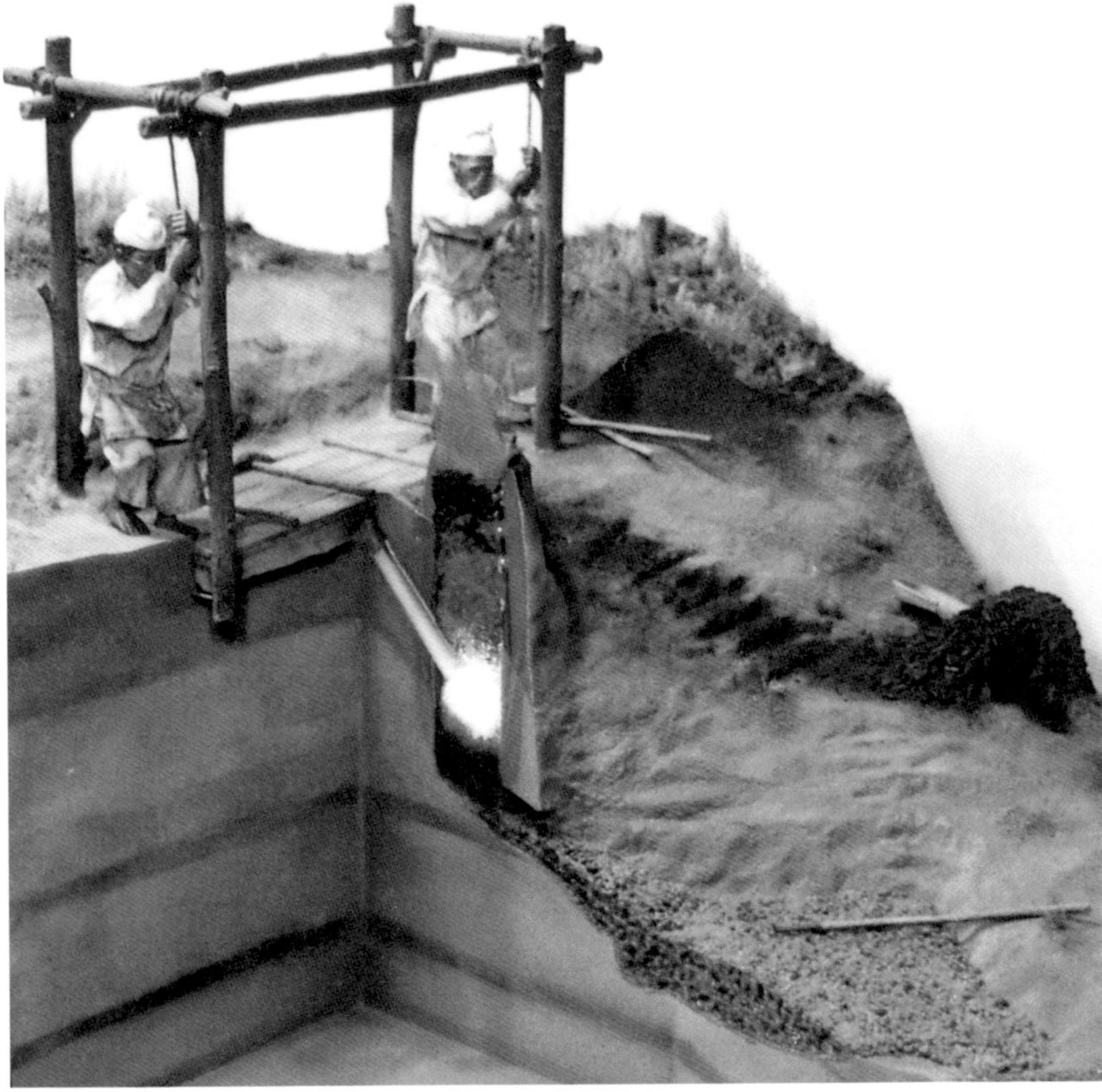

図30 ● 竪形炉の操業のようす
炉背部の踏みふいごを交互に踏んで、炉底に風を送る。

年間まで中国地方で踏みふいごが使用されたことが知られている。この施設に酷似していることが明らかになった。

中央の溝に据えた軸木の上に踏み板（「嶋板」）を置き、シーソー状に交互に踏むことにより風を送り込み、その軸木の先端には径九センチ前後の通風管が装着され、炉底に向かって風を集める役割をするのである（図30）。

図27の2号竪形炉に隣接する3号竪形炉は五回操業されていて、廃滓量は約八・九トンと箱形炉にくらべても決して少なくない。

踏みふいごはその後、関東・北陸・東北地方各地の竪形炉でも確認でき、普遍的な送風施設と認識されることとなる。

竪形炉の構築方法

踏みふいごの付く竪形炉の構築方法を考えると、まず斜面を階段状に掘削して踏みふいごを中心とする上部作業場を水平に構築する。その踏みふいごの中軸線に合わせて、炉本体の中心軸を設定して、地下式の隅丸方形の炉掘形を掘り、さらにその下部に三角形ないしは方形の水平な作業場を掘削する。

炉掘形では空焚きをおこない、基礎構造を設置して、スサ入り粘土で炉底・炉壁を構築する。その際、奥壁に炉と一体になるように通風管を装着し、その先端は炉底付近に達する。炉底に直接風を送り込み、高温を維持する構造で、炉底に鉄が生成したと考えられる。

3 「踏みふいご」付設の箱形炉

鳥打沢タイプの箱形炉

一九八八年、金沢地区の鳥打沢A遺跡の調査で、新たな箱形炉を発見した（図31・32）。広さ約九メートル四方で、掘り込み八〇センチの方形竪穴状に造成された作業空間の中央に箱形炉を配し、炉の背後の一段高くなった場所に踏みふいごを設置してあった。また炉の両側縁に沿って通風孔・溝があった。作業空間にはこのほかに砂鉄・木炭置き場があり、上屋がかけられていた（図36・39参照）。この箱形炉は九世紀のものと推定され、廃滓量が約四五トンで、飛躍的な生産量の増大を物語っている。

長瀞タイプの箱形炉

さらに一九八九年、金沢地区の長瀞《ながとろ》遺跡で、竪形炉と重複して踏みふいごの付設された箱形炉を調査した（図33）。この箱形炉は鳥打沢タイプとやや異なり、竪穴状に整地された作業空間の中央に製鉄炉を配し、踏みふいごの部分が作業空間の上部に張り出す形となっている。この長瀞タイプが鳥打沢タイプより先行する形ととらえることができる。

竪形炉が八世紀中葉のものであり、長瀞タイプ箱形炉は八世紀後葉から九世紀初頭と推定された。両者の踏みふいごの高さがほぼ同一であることや重複状況から、同じ系譜の工人による短期間のつくりかえであることがわかった。

図31 ● 鳥打沢Ａ遺跡の２・７号製鉄炉
南向きの竪穴状の空間に2基並列する、踏みふいごの付く長方形箱形炉。2基で74ｔ排滓している。9世紀後半。

図32 ● 鳥打沢２号製鉄炉の掘形
踏みふいごから通風孔を経て、炉の両側に通風溝があり、具体的な送風法がわかった。

つまり、東国起源といわれる竪形炉独特の踏みふいごを、西日本起源といわれる箱形炉に応用した結果の技術革新である。竪形炉では約〇・五トンの廃滓量であるが、箱形炉では約一〇トンの廃滓量を量る。八世紀後葉における踏みふいごの箱形炉への導入という技術革新以降、九世紀前葉には急速に鳥打沢タイプの製鉄炉が普及し、飛躍的な生産量の増大を生むこととなったのである。

送風構造の解明

大船迫A遺跡（**図34**）では、九世紀中葉の鳥打沢タイプの製鉄炉が、炉壁が外に倒れた状態で出土した（**図35**）。もろいため接合・復元はできなかったが、炉壁は厚さ九センチ単位で積み上げられ、外側には多量の藁状の繊維痕跡と粗いナデ調整が観察できた。

炉壁の下から、炉の長辺に直交して並ぶように、溶着滓の付着していない一八本の羽口が出土した

図33 ● 長瀞タイプの箱形炉と重複する竪形炉
右側が竪形炉で、左側が長瀞タイプの長方形箱形炉。
右側が古く左側が新しい。8世紀中葉〜9世紀初頭。

（図37参照）。これは炉壁に装着された羽口と通風溝とを連結する羽口であることがわかった。平面的には廃滓場に向かってハ字形に開く配置で、下には粘土が敷設されている。

炉の掘形は一八三×四〇センチの長方形で、深さ四〇センチほどである。通風溝は炉の長辺の側縁に沿うように踏みふいごからのびていた。部分的に粘土で敷設した天井が遺存しており、羽口に接続されていることがわかった。東側で幅二〇センチ弱、長さ二二五センチを測る。これによって、踏みふいごと炉本体との接続方法、送風方法が明らかになり、従来「未使用」とされていた溶着滓の付着していない羽口の意味も確認できた。

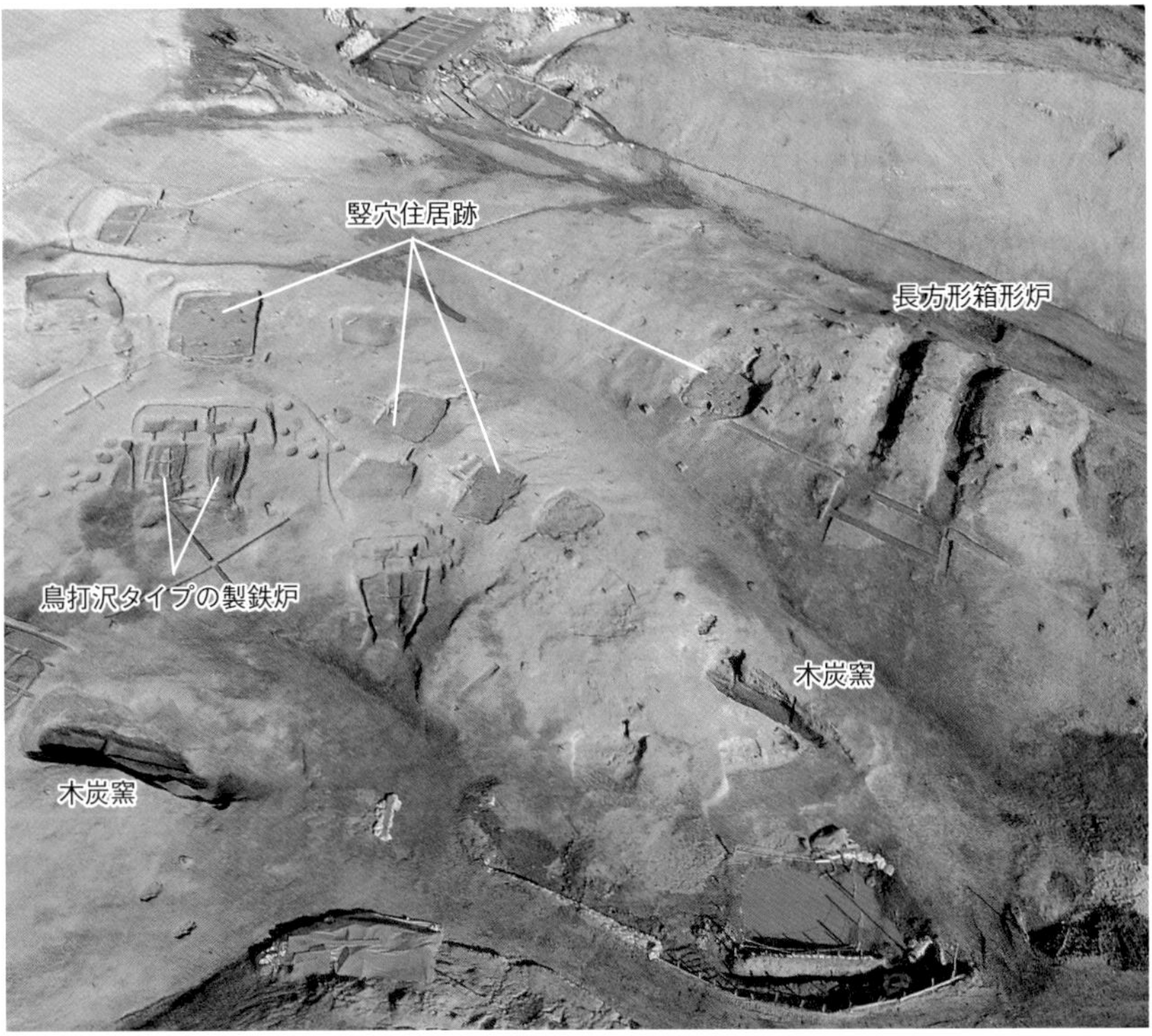

図34 ● 大船迫Ａ遺跡
金沢地区のなかでもっとも太平洋側に位置し（図7のA谷奥）、尾根上に2基並列の両側排滓の長方形箱形炉、3～4軒の竪穴住居、鍛冶炉などがセットとなる。7世紀後半。南向き斜面に並立して鳥打沢タイプの製鉄炉が立地。9世紀中葉。

踏みふいご付設長方形箱形炉の構築

踏みふいごが付属する長方形箱形炉は、斜面中位に広い平坦面を造成し、踏みふいご、炉、木炭・砂鉄置き場などの諸施設を配置する作業空間となる（図36・37）。

踏みふいごは前述のように軸木を支点に踏み板をシーソー状に踏んで風を送る施設であり、炉短軸の斜面上位につくられ、一段下に踏みふいごの中心軸に合わせるように炉が構築される。炉は浅く掘り込まれ、木炭や焼土・粘土を利用して基礎構造がつくられ、炉底は粘土で構築される。炉壁は前述のようにレンガ状の藁入り粘土で構築され、風呂桶状の炉がつくられる。その長軸に沿って羽口が装着される（図37）。

確認できた炉壁の高さは六八センチで、それ以上の壁高を想定する必要がある。踏みふいごには炉の左右に、トンネルの通風孔がうがたれ、炉に並行した通風溝に、粘土で上部を構築し、

図35 ● 往時の姿が予測できる大船迫A遺跡の15号製鉄炉の遺構
中央の黒い部分が炉本体の基礎構造で、左右に羽口が並び、わずかに炉壁が遺存している。奥が踏みふいご。

この通風施設から羽口を通して、炉本体に送風されたものと推定されている。羽口は粘土帯の上に装着され、既述のように片側で一八本の遺存例があることから、三六本の羽口が装着されたことが想定できる。

箱形炉への踏みふいごの導入は、宇多郡でも確認されている。一九九二年に調査した猪倉《いのくら》A遺跡では、九世紀後半の踏みふいごの付く箱形炉が二基、一九九一年に調査した山田A遺跡でも、九世紀前半の踏みふいごの付く箱形炉一基、踏みふいごの付く竪形炉一基がみつかった。

これで、宇多・行方両郡において、同じ送風技術の製鉄炉が確認できたこととなり、現在ほかの地域で調査事例が少ないことから、現段階ではこの地域で開発され、普及した技術と考えられている。現象面では、行方郡金沢地区がその起源となる。

図36●踏みふいご付設長方形箱形炉の復元
福島県文化財センター白河館（まほろん）に野外展示され、
実際にふいごを踏むことができる。

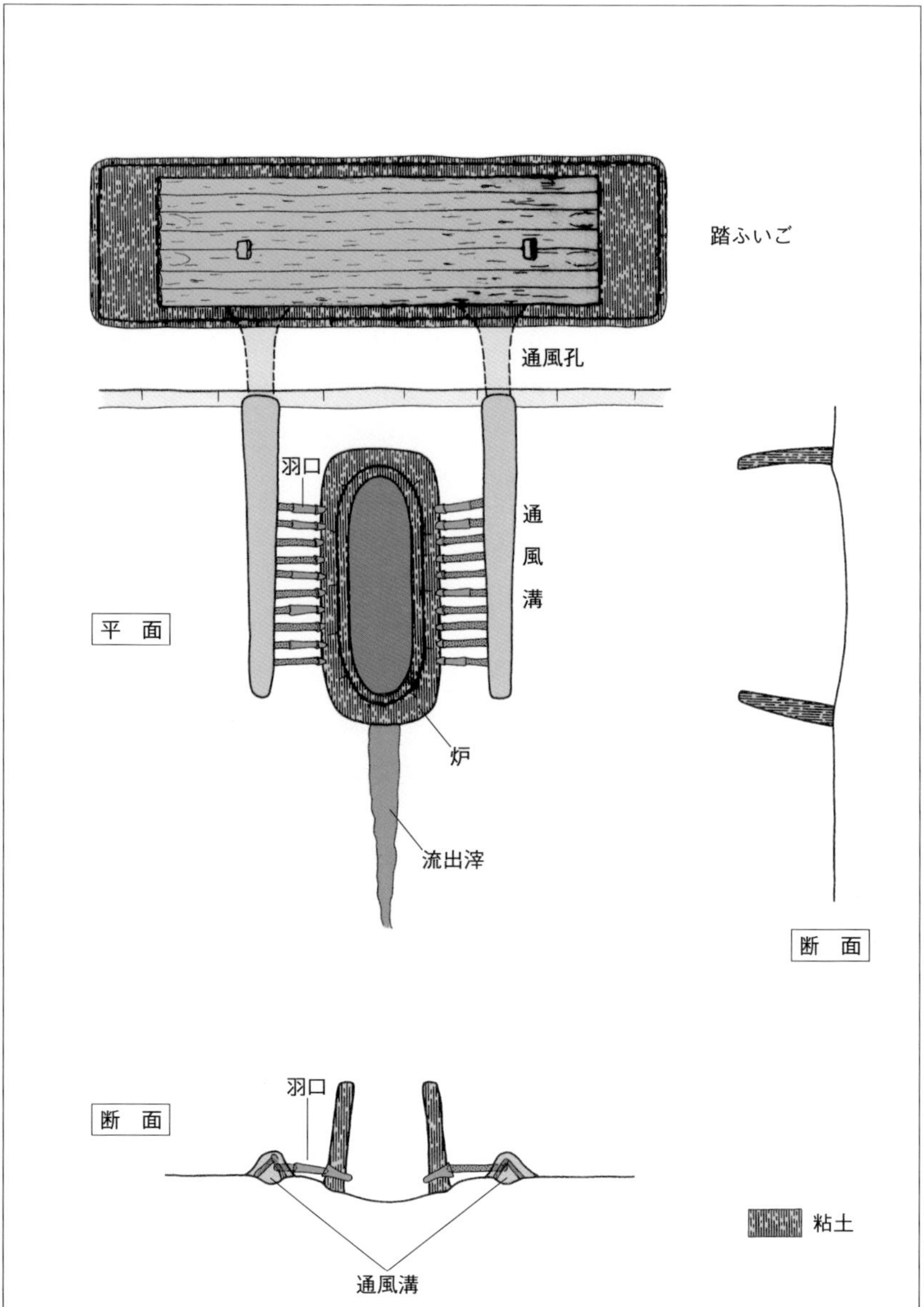

図37 ● 踏みふいご付設長方形箱形炉の復元模式図
踏み板は遺存していないので民俗例から推定した。

4　製鉄炉の展開

製鉄炉の時期区分

以上、発見された製鉄炉の種類とその特徴を述べてきた。金沢地区の製鉄炉の特徴とその変遷をまとめると、図38のように、Ⅰ期（七世紀後半）～Ⅴ期（九世紀中葉）に展開していくことになる。

七世紀の箱形炉は縦置きが主流であり、武井地区と同様の技術系譜が指摘されている。八世紀の箱形炉は炉両側に送風空間や作業空間が想定でき、羽口も出土することから、強制送風がおこなわれていたことは確実であろう。関東地方の製鉄炉との系譜関係も指摘されている。八世紀中葉には竪形炉が導入され、一方、箱形炉に踏みふいごが応用され、飛躍的に生産が高まる。そして九世紀後葉以降に生産は終焉を迎える。

驚異的な生産量

本地域の浜砂鉄は、チタンが約二二パーセント含有

Ⅰ期：7世紀後半	両側排滓の長方形箱形炉。縦置きが多く、尾根上に立地。 両側に方形を基調とする作業場・排滓溝。羽口の出土が少ない。
Ⅱ期：8世紀前葉	片側排滓の長方形箱形炉。斜面に立地。 羽口が出土。 大きい掘形に炉が設置。複数の炉が重複。
Ⅲ期：8世紀中葉	片側排滓の長方形箱形炉。羽口が出土。 基礎構造が見られないものが多い。 炉の長辺両側に平坦面や掘り込みがあり、送風施設か？ 竪形炉出現。
Ⅳ期：8世紀後葉 ～9世紀前葉	踏みふいごの付設された長方形箱形炉。 羽口が出土。 3基並立する炉や2基並立する炉（鳥打沢タイプ）が出現。 竪形炉も併存。
Ⅴ期：9世紀中葉	踏みふいごが付設された長方形箱形炉。 羽口が出土。 単独で立地。炉底に掘形がある。

図38●製鉄炉の展開

するチタン磁鉄鉱を主成分とし、全鉄分は約三一パーセントとなり、高チタンの砂鉄原料である。計算上の鉄収量は、流出滓の総量に対して一三～五八パーセントとバラツキがあるとされている。両側排滓の炉では一三～四八パーセント、片側排滓の炉では二三～四八パーセント、踏みふいごが付く炉では平均三〇パーセントである。

初期にはチタン分の比較的低い砂鉄が使われた形跡があり、しだいに送風技術の進歩などの技術革新で、チタンの濃縮技術が向上し、高チタンの砂鉄原料を克服した安定的な生産体制となったことがうかがえる。

金沢地区の一二三基の製鉄炉では、鉄滓が約六一七トン出土している。七世紀の両側排滓箱形炉二〇基で一〇六トン、八世紀前・中葉の片側排滓箱形炉三九基で約一〇一トン、八世紀後葉以降の踏みふいご付箱形炉三四基で約三〇三

図39 ● 9世紀前半の製鉄のようす
鳥打沢A遺跡の製鉄炉を参考に復元した操業のイメージ。

トンであり、八世紀中葉とされる竪形炉では一〇基で約一五トンである（ほかは炉形が不明なもの）。

技術革新を経た八世紀後葉～九世紀の鉄生産は、全体の約二八パーセントの製鉄炉で約五〇パーセントの生産をおこなったこととなり、必ずしも鉄収量が高いとはいえないが、安定的な生産体制を維持し、同時に飛躍的な生産の増大をもたらした（**図40**）。

一例であるが、大船迫A遺跡ではⅣ期、九世紀前半とされる鳥打沢タイプの二基並列する踏みふいごの付く長方形箱形炉と単基の踏みふいごの付く長方形箱形炉が連続的に操業し、約六五トンの廃滓量を確認している（**図41**）。

炉は東に向かって開析された谷の谷頭、標高二六～三三メートルの南向き斜面に立地し、三基の箱形炉はほぼ同じ高さに並列する。廃滓場は東西約二〇〇メートル、南北約一五〇メートルにわたって厚く堆積し、最大高約二メートルを測る。

確認できた操業面は六面、出土鉄滓は約六五トン、出土羽口は一万八八八三片になり、製鉄炉周辺のピットから砂鉄が五キログラム以上出土して

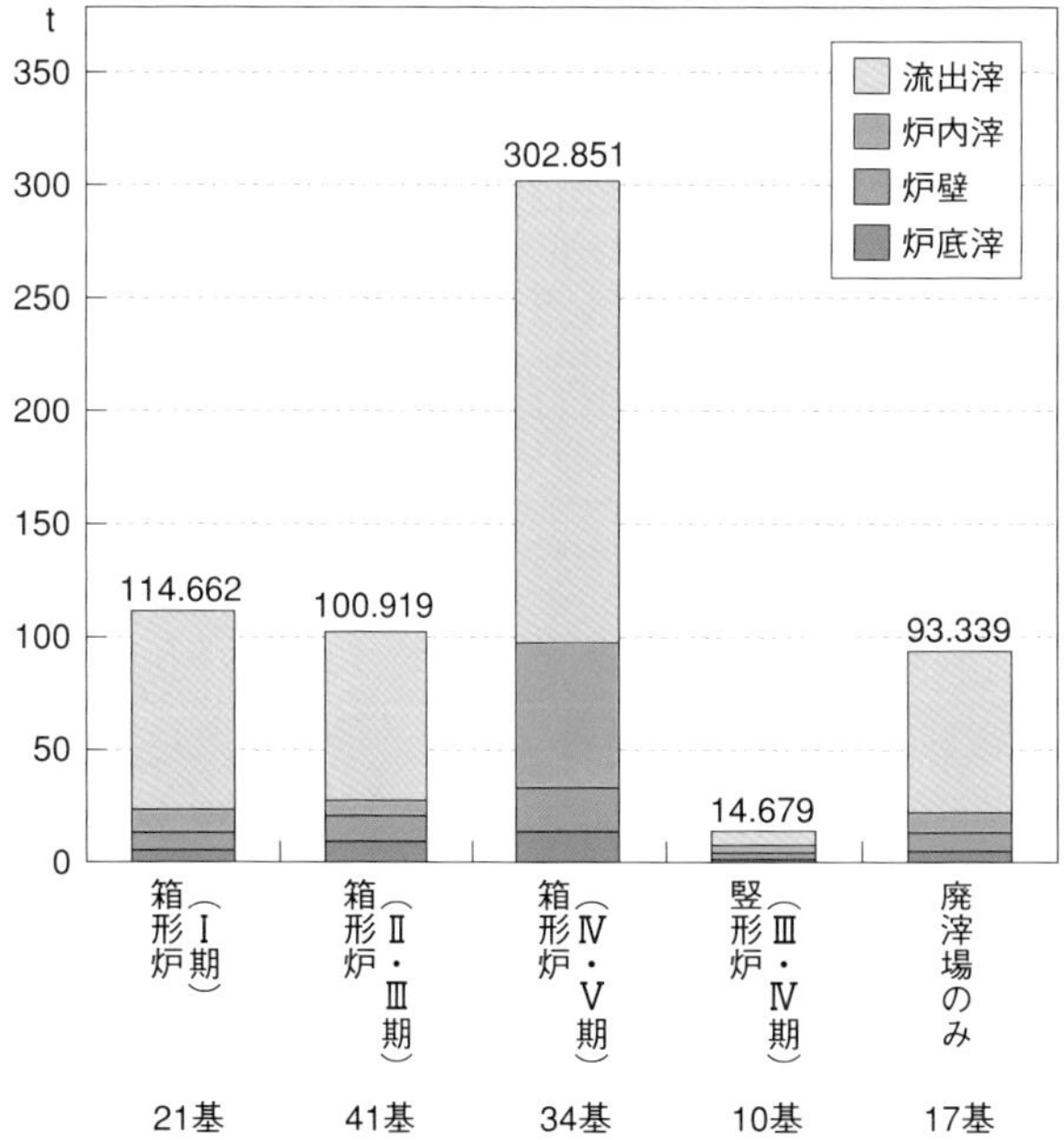

図40 ● 金沢地区の製鉄炉から出土した鉄滓量の変遷

いる。まさに驚嘆の生産量である。前述の鳥打沢Ａ遺跡とともに、生産量の飛躍的な増大を象徴する箱形炉である。

遺構の変遷と工人集団

遺構群の構成から時期ごとの変遷をみると、Ⅰ期にはもっとも太平洋に近い谷に一つの拠点があり（図7の谷Ａ・図34）、大型住居一軒と小型住居二〜三軒が存在し、最低一〇名前後の工人集団が滞在し、炉の近隣に工人が滞在している。こうした集団が金沢地区では二〜三グループ確認でき、これが鉄生産の開始にかかわった集団である。

Ⅱ期のはじめは遺構が減少し、過渡的状況を示すが、Ⅱ期に片側排滓の箱形炉に変化していることが注目され、常総《じょうそう》型甕を祖形とする甕の出土などから、常総地方からの技術移入が想定できる時期である。

Ⅲ期には製鉄炉・鍛冶炉・住居跡・木炭窯がセットになる生産工程がコンパクトに完結するグループ

図41 ● 大船迫Ａ遺跡の7・8・12号製鉄炉の全景
南斜面に並立する鳥打沢タイプの製鉄炉。黒く見える部分は廃滓場で、東西約200ｍ、南北約150ｍ、高さ2ｍにわたって約65ｔ排滓された。

図 42 ● 鉄づくりのようす
右手では、木を伐採し、木炭を地下式窖窯で生産している。左手上方の製鉄炉では砂鉄と木炭を炉に投入し、踏みふいごで風を送っている。隣接した右側の竪穴住居で鍛冶生産もおこなっている。

と、鍛冶炉をともなわないグループがあり、前者が定着し生産力の高いグループである。後者は移動性のある生産力のやや低いグループである。計画的な配置が認められ、後述する管理施設が成立する時期である。

Ⅳ期には踏みふいごの付設された箱形炉が出現し、その配置からより高い集約性と計画性が推定できる（図42）。製鉄炉を並立させて谷を専有的に操業をくり返す集団が五グループ数えられる。Ⅲ期を発展させた生産体制であり、鍛冶生産まで想定すると、より広域的な生産体制が考えられる。Ⅲ期に成立した管理施設が継続する。

Ⅴ期は鉄製錬の最終時期で、深い基礎構造が創出されるが鉄生産量自体は少なく、工人集団も一～二グループしか認められない。管理施設は継続するものの、組織的な経営形態は認められない。

Ⅴ期以降は製鉄炉は姿を消し、組織的生産体制は認められない。

金沢地区では七世紀後半から九世紀中葉まで継続して鉄生産がおこなわれ、Ⅳ期を画期・最盛期として、Ⅴ期で終焉を迎える。Ⅴ期以降は森林資源の枯渇などから、後述するように金沢地区から生産拠点が内陸に移動しつつ、拡散する。同時に生産体制の変化も読みとることができる。

第４章　製鉄経営の解明

1　製鉄技術はどこからきたのか

さかのぼると朝鮮半島南部へ

すでに述べたように、導入期の鉄生産技術は、両側排滓の長方形箱形炉と横口付木炭窯の組み合わせに代表され、遅くとも七世紀の第３四半期には成立した。その技術は、官営的色彩の強いとされる滋賀県の野路小野山遺跡などに類似する生産体系の系譜であり、やや変化はあるものの、ほぼ直接的に技術移入されている。

その間、愛知県の狩山戸《かりやまと》・西山遺跡や神奈川県の上郷深田《かみごうふかだ》遺跡、茨城県の粟田《あわた》かなくそ山遺跡に代表されるように、太平洋側各地に類似の製鉄炉・木炭窯があり、畿内から太平洋側を経由して、きわめて短期間、おそらく数年で波及したといえる（**図43**）。

さらに、その砂鉄製錬の技術系譜をさかのぼれば、北九州は福岡県の元岡遺跡群などを経由して、少なくとも朝鮮半島南部に求められることが予測されている。これは七世紀の朝鮮半島情勢と無縁ではなく、百済・高句麗の滅亡による技術者の渡来などとの関係が考えられる。

いずれにせよ、朝鮮半島から、あるいは北九州を経由して、近江において官営製鉄所として整備された技術が、短期間に尾張・相模・常陸など太平洋側を経由して、この宇多・行方郡に移入されたことになる。ただし、朝鮮半島や近江では鉄鉱石の製錬しか確認されておらず、単純に系譜関係を求めることができるかは、今後の課題である。

一体となった鉄・須恵器・瓦生産

浜通り地方では、この鉄生産の開始と軌を一にするように、武井地区に近接する相馬市の善光寺窯跡などに代表される須恵器・瓦生産や、相馬市の黒木田遺跡にみられる寺院の造営などが開始されている。

七世紀に、新地町の三貫地遺跡では須恵器・瓦生産や鉄生産（精錬・鍛錬）にかかわる新しい工人集落も成立して

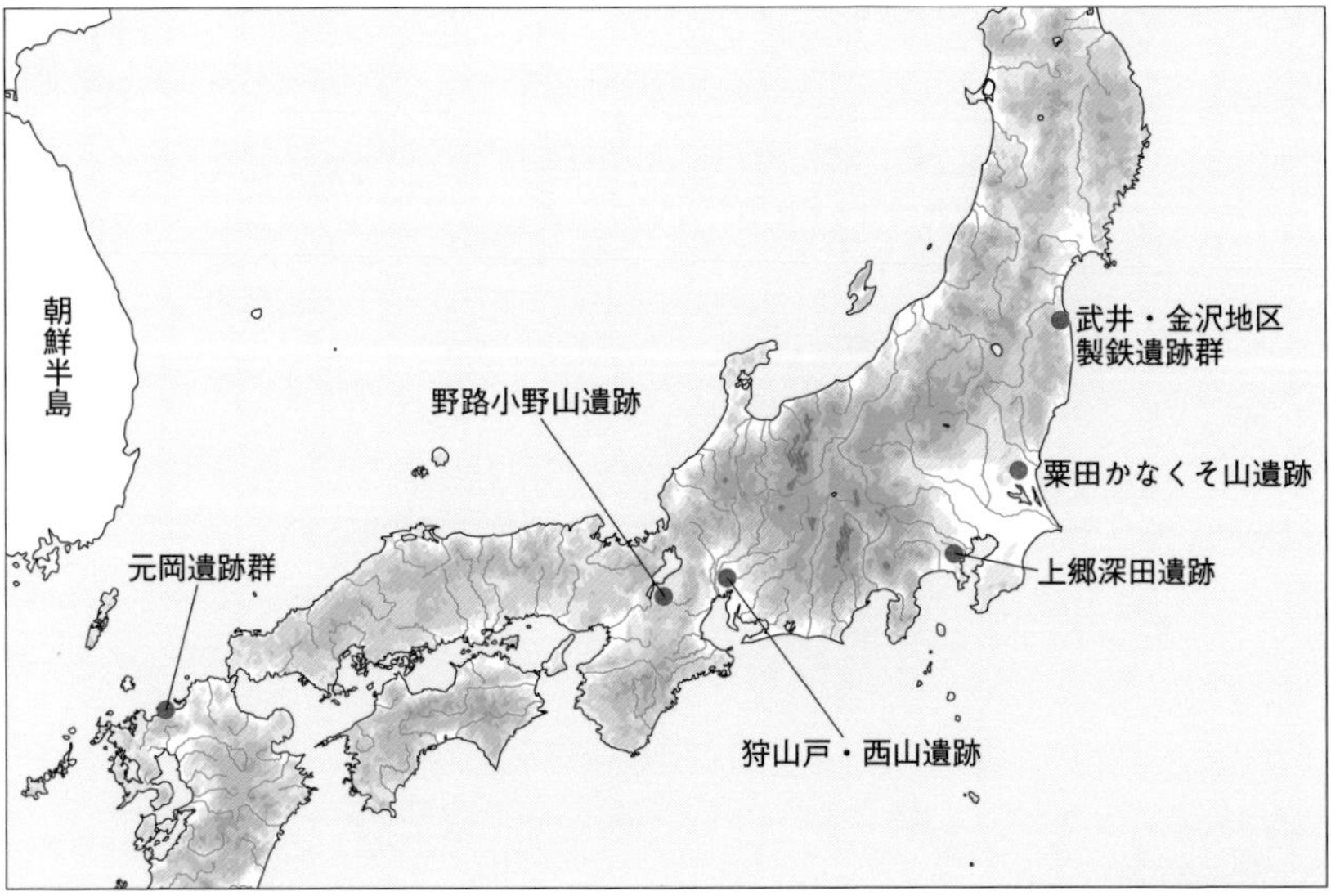

図43●製鉄技術の伝播

いる。また武井地区の洞山G遺跡ではカマドの構築材として丸瓦が使われたり、武井地区の向田A遺跡では木炭窯を拡張・整地して須恵器を焼くなど、製鉄と須恵器の工人間の密接な関係をうかがうことができる。さらに、横口付木炭窯から窖窯木炭窯の変化も、その関係の証左であろう。

また金沢地区でも、鳥打沢A遺跡で、七世紀の須恵器窯一基が発見された（**図44**）。杯《つき》・杯蓋・盤《ばん》・高杯《たかつき》・平瓶《ひらか》・𤭯《はそう》・甕・横瓶《よこべい》・壺・硯《すずり》などが焼かれ、出土破片数の九割は甕である。時期は七世紀第3四半期で、鉄生産導入期に須恵器生産がおこなわれたこととなり、須恵器工人と鉄工人の不可分な関係を示している。

出土須恵器のなかでは、「亀形」となる把手付中空円面硯《えんめんけん》が注目される。田中広明は、「京都府隼上り瓦窯を祖形として古代官衙の展開とともに地域の需要に応じて在地で生産された」とし、評ごとに受注生産されたと指摘している。つまり、

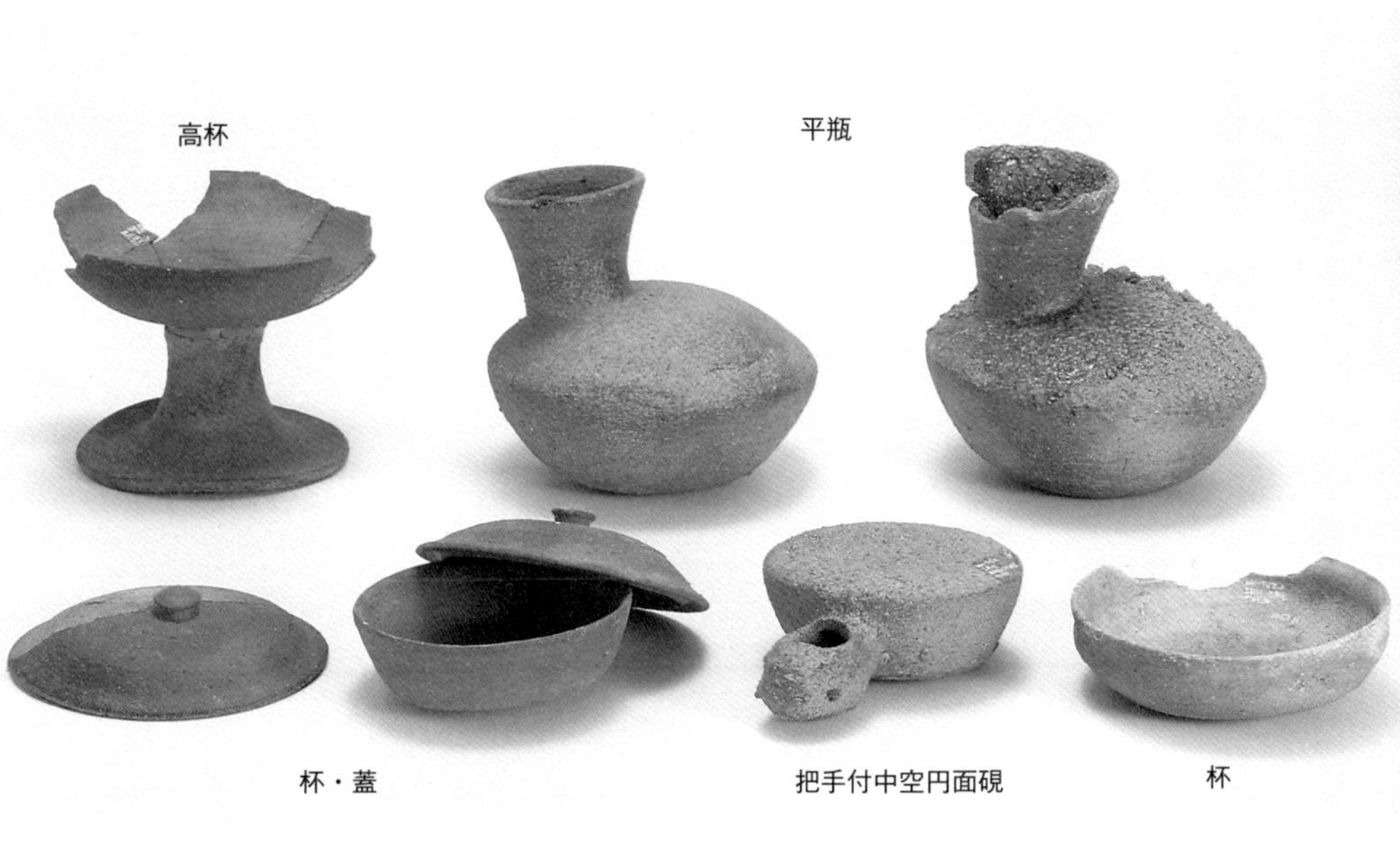

図44 ● 鳥打沢Ａ遺跡の１号須恵器窯出土の須恵器
器種構成などからみても畿内の影響がうかがえる。７世紀第３四半期。

行方評の主導による鉄・須恵器生産であることが示唆され、やはり律令国家支配の浸透過程とも明らかに一致しているのである。鉄・須恵器・瓦生産は一体となって、畿内から短期間に技術移転されたことがわかるのである。

2 何がつくられたのか

鋳造遺構の発見

さて、八世紀後葉には、竪形炉が導入されるのと軌を一にするように、武井地区の向田A遺跡の谷部で鋳型が出土している（図45）。

そこで鋳造遺構があると推定したが、整地層や他遺構との重複もあり、遺構の発見はむずかしかった。けれども調査の結果、鋳造溶解炉が四基みつかった。

それは二〜三メートルの楕円形の掘形に防湿効果のための基礎構造があり、その上に直径六〇センチあるいは一メートルの円筒形の自立炉を据えたものである。炉壁は厚さ・幅一〇センチ弱の粘土帯を横に積み上げ、継ぎ目を指で連続して押さえて整形してある。炉壁の粘土は緻密な粘土を精選している。送風は、大口径の羽口を設置し強制送風している。

そのほかに、整地がくり返された鋳込み場と廃棄場が四カ所あり、焼土や還元土が出土した鋳型焼成遺構は五基あった。谷部の整地面でおこなわれた鋳造作業は、上位の鋳造溶解炉で溶融し、中位で鋳型への鋳込みがおこなわれ、下位で鋳型割りがおこなわれ、製品がとり出され

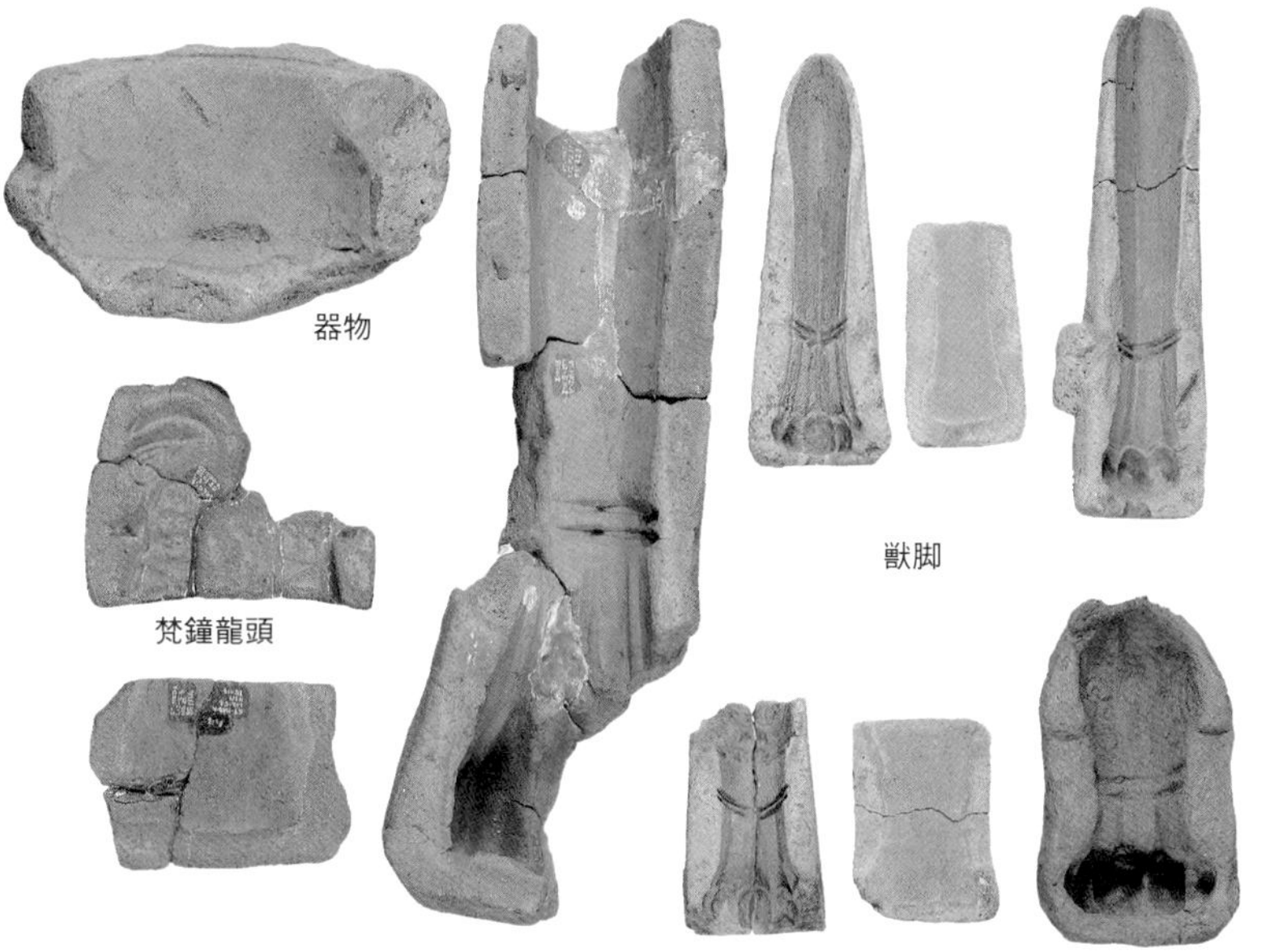

図45 ● 向田Ａ遺跡出土の鋳型
獅子の足をかたどったとされる獣脚は、形態や大きさで7種類に分けられる。器物に3本1組で脚となる（図47参照）。8世紀後葉〜9世紀中葉。

図46 ● 向田Ａ遺跡９号鋳造遺構の鋳型出土状況
鋳込み場兼鋳型の廃棄場で、上位の鋳造溶解炉から鋳込むための作業空間として整地面がつくられている。9世紀。

たのである（図46）。

九世紀前葉から中葉にかけては二面の鋳造作業面が認められ、鋳型の数量もピークとなる。八世紀後葉に鋳鉄鋳物生産が宇多郡に導入されたことがわかり、西日本に遅れることのない、いち早い技術導入が明らかとなった。

梵鐘、羽釜などの仏具

鋳型から推定される製品は、梵鐘（龍頭《りゅうず》含む）、獣脚付羽釜《じゅうきゃくつきはがま》（図47）、鍋などが推定でき、仏具が主体である。梵鐘鋳型は他の鋳型と同様に大型の回し挽き型でつくられ、龍頭は埋め込まれて一鋳されている。大型の梵鐘の場合は鋳造土坑内の定盤《じょうばん》に鋳型が据えられて専用の溶解炉から直鋳されるが、出土した鋳型の場合は、ほかの製品と同じく、鋳造作業場内の平場で鋳込まれたものと考えられる。

出土した鋳型から復元した鉄製の梵鐘は、径二五センチ、高さ三〇センチの小型の梵鐘である（図48）。これは岩手県北上市の極楽寺跡（大竹廃寺）や岩手県衣川《ころもがわ》村出土の梵鐘に類似している。九世紀代の定額寺《じょうがくじ》（官寺に準ずる寺格を有する寺院）級寺院から出土していることが注目され、国内最古の鋳鉄製梵鐘となっている。

羽釜・鍋等に付く獣脚は七種類あり、八八本が推定され、三〇個体以上の生産が推定される。なお、五十川伸矢は向田A遺跡の鋳型から復元された羽釜の形態から、肩部から口縁に内湾する形態が高句麗や新羅の羽釜の延長線上にある形態とし、日本中世の羽釜への連続性がある形

図 47 ● 獣脚付羽釜
上：向田Ａ遺跡出土の獣脚付羽釜。9 世紀。
下：相馬市山田Ａ遺跡出土の獣脚付器物。9 世紀。

態であると指摘している。いずれも仏具の可能性が高く、やはり定額寺級寺院への供給が想定されている。

こうした鋳鉄鋳物生産の遺跡は東日本に多く、平安時代以降の鋳鉄仏が東北日本に多いことや、中世における内耳鉄鍋の北からの普及、あるいは中世羽釜への形態的連続性を考慮すると、東北地方の古代から中世への鋳鉄鋳物生産の出発点になった遺跡といえる。

武具など鍛造製品の製造は

武具などの生産は鍛冶であるが、武井地区の鍛冶生産は向田A遺跡で四軒の竪穴住居跡で確認されているのみである。したがって、鍛冶製品化の工程は、製鉄生産とは分業でおこなわれた可能性がある。後述する三貫地遺跡のような官が管理する鍛冶集落や、茨城県鹿ノ子C遺跡のような国衙・郡衙工房でおこなわれていたと考えられよう。つまり、広域にわたり体系的な分業生産体制を想定する必要がある。

図48●復元された鋳鉄製梵鐘
向田A遺跡出土の梵鐘・龍頭鋳型から復元した。9世紀前半。撞き初めするのは、福島県文化財センター白河館（まほろん）の故藤本強元館長。

3　指導者の墓と管理施設

墳墓の発見

武井地区では、製鉄遺跡群のほぼ中央（図6参照）で、茶毘所《だび》（武井C遺跡）、墳墓・祭壇（武井E遺跡）を発見した（図49・50）。この場所は、北に武井地区最高所の丘陵を望み、南に開放された谷があり、西に古代官道が推定され、東に旧・新沼浦《にいうらぬま》から太平洋を望む立地である。つまり、北に「玄武《げんぶ》」、南に「朱雀《すざく》」、西に「白虎《びゃっこ》」、東に「青龍《せいりゅう》」といった四神を地勢に読み込むことができる立地である。古代の陰陽思想における四神相応の地であった。その葬送儀礼や埋葬形態をみると、当時の喪葬令《そうそうりょう》をも熟知していたこともうかがえる。

墳墓の東では、茶毘所である土坑（図51）が二基みつかった。一基には上屋がともない、大きさは九七〜九八×一九九〜二二〇センチの整然とした長方形で、棺を置いて火葬したと推定でき、鉄釘が出土している。火葬の際に、上屋も一緒に焼失している。木炭焼成坑に形態は類似するが、底面まで硬く焼け締まっている点や骨片が出土する点で異なる。

祭壇と葬送儀礼

南の一号墓には一×一間の祭壇がともなう。祭壇中央の隅丸方形の土坑に骨蔵器《こつぞうき》が納められていた（図52）。骨蔵器は搬入品と考えられる薬壺形の須恵器短頸壺と宝珠形鈕《ほうじゅがたつまみ》のある蓋である（図53）。八世紀後半と考えられる。

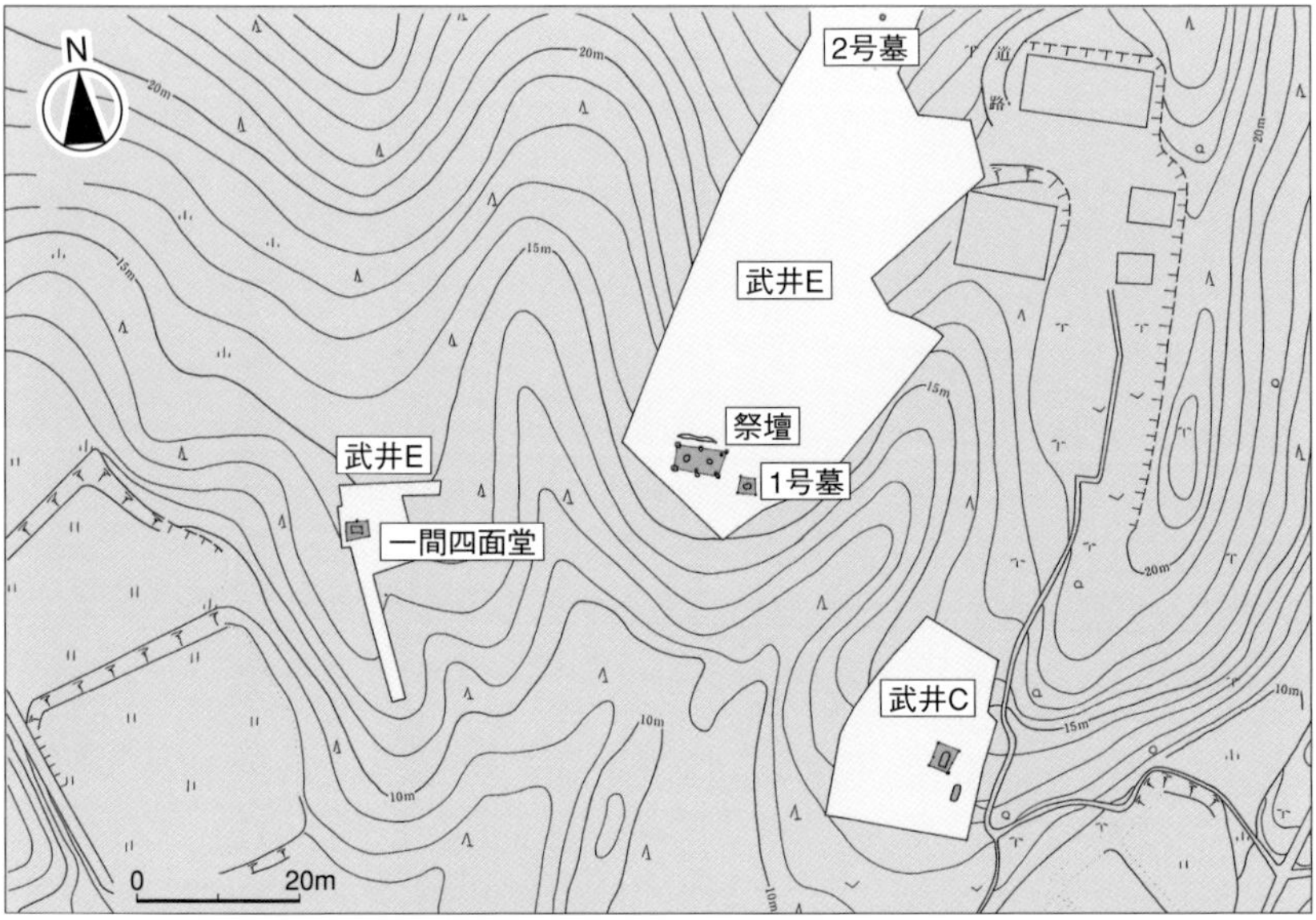

図49 ● 葬送遺構の配置図
武井地区のほぼ中央で発見された。被葬者は鉄生産の主導者であろう。

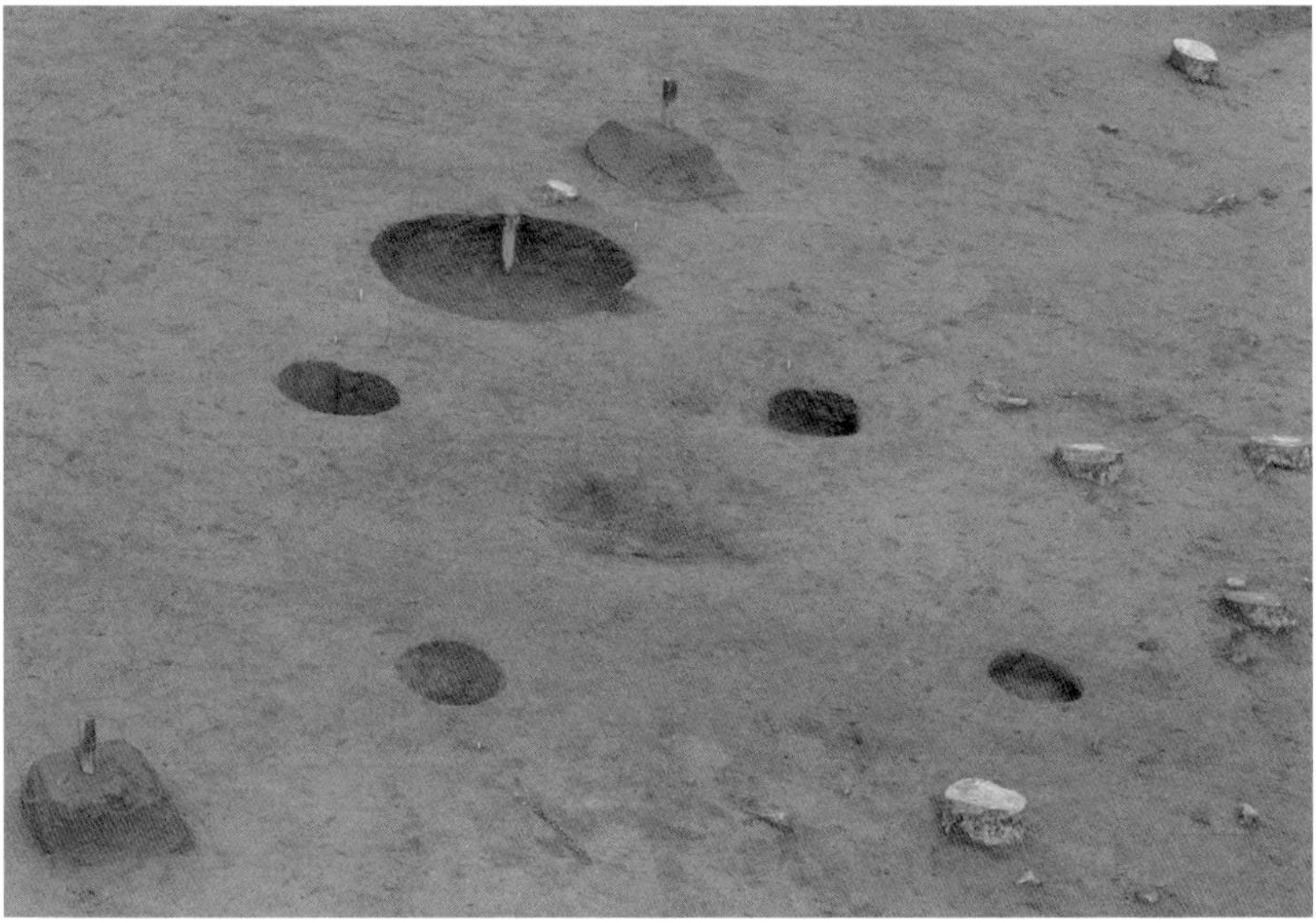

図50 ● 1号墓の埋墓と祭壇（武井E遺跡）
中央に火葬骨蔵器が埋納され、1×1間の祭壇がとり囲む。

骨蔵器の外周からは、刀子《とうす》・釘が出土した。釘は棺のものであろう。九〇〇度以上で焼かれた骨蔵器内の火葬骨は複数あり、「強壮な成人男性、通常の成人（性別不明）、小児」と鑑定され、家族墓的な性格が強い（図52）。

北の二号墓は、南斜面の平坦面の小礫郭内に、一号墓と同じ形の蓋付きの短頸壺を納めていたが、法量や胎土・焼成が異なり、一号墓の器形を模して在地で焼かれた印象である。人骨は出土しなかったが、墳墓と考えられる。

一号墓の西に隣接して造成された平坦面に一×二間の祭壇があり、中央にピットが二基あり、木炭を多く含んでいる。さらに西には、整地面上に一間四面堂と思われる建物があり、周辺から九世紀初頭の土師器甕が出土している。

墳墓・祭壇では手厚い葬送祭儀がくり返しおこなわれたことがうかがえ、二号墓は人骨がないことから、特殊な葬送祭儀の可能性もある。一間四面堂は

図51 ● 茶毘所である土坑（武井C遺跡）
98×220㎝の長方形で、棺を置いて火葬した。1×2間の上屋がともない、火葬の際に焼失している。

図52 ● 骨蔵器が納められていた土坑（武井E遺跡1号墓）
80×70 cmの隅丸方形の土坑に、炭を含む土を敷いて埋納してあった。

図53 ● 武井E遺跡1・2号墓の骨蔵器
右：1号墓。高さ約32 cm×径約37 cmで、東海地方から搬入された可能性がある。
左：2号墓。高さ約27 cm×径約26 cmで、前者を模して地元でつくられたものか。

その後も祖霊信仰的な信仰の対象となったことがうかがえ、九世紀前半の土師器が出土している。

鉄生産の指導者の墓か

これらの墓の被葬者は当然、鉄生産に密接にかかわった指導者で、宇多郡の郡司級の人物とされている。その人物が鉄生産にかかわる人びとの崇敬を集めていたことは想像に難くない。

武井地区では、八世紀の前葉に若干の空白があるものの、中葉以降は関東から人的・技術的移入や、縦置きの片側排滓の箱形炉が出現、竪形炉の出現、鋳造による仏具生産も導入される時期であり、鉄生産の画期となる時期である。その意味で、八世紀の墳墓の発見は象徴的であった。

金沢地区でも鳥打沢A遺跡で、八世紀中葉から九世紀前半の火葬墓四基が発見された。金沢地区の南西端の丘陵上で、一号墓は、薬壺形の須恵器短頸壺に宝珠形鈕のつく須恵器蓋をともなう骨蔵器を、隅丸方形の掘形の中央に小ピットを掘って埋納し、周囲が二×二間の堂ないしは柵に囲われ、墓標が立つ（図54）。少なくとも二体分の焼けた人骨が出土している。二・三号墓は須恵器甕や土師器杯を転用して、方形の掘形の中央に埋納し、掘形から釘が出土している。二号墓についても二体分以上の焼けた人骨が出土している。

武井地区と同様に、これらも家族墓的性格が想定される。墳墓の周辺に墓以外の遺構はなく、一つの墓域を形成している。一・二号墓に近接して八世紀後葉の一×一間の掘立柱建物跡があり、葬送祭儀に関与した建物だろう。

墳墓のあり方に階層差はあるものの、製鉄遺跡群のただ中に位置する墳墓群であり、後述する大船迫A遺跡の管理施設の時期とも一致することから、鉄生産の経営・管理に関与した人物の墳墓であることは疑いなく、やはり行方郡の郡司級の人物の墳墓であろう。

金沢地区で八世紀には関東系土器が移入し、羽口をともなう片側排滓の新しい箱形炉や竪形炉が出現し、さらに長瀞タイプや鳥打沢タイプの踏みふいごの付く箱形炉が新たに出現する技術革新期であり、大船迫A遺跡の官的な管理施設が整備される時期でもある。その時期に墳墓が成立することは、金沢地区を人的・技術的・経営的に管掌する、官的な体制が整備されたことを象徴しているのである。

管理施設の発見

金沢地区に南から入り込む中央の大きな谷の入口

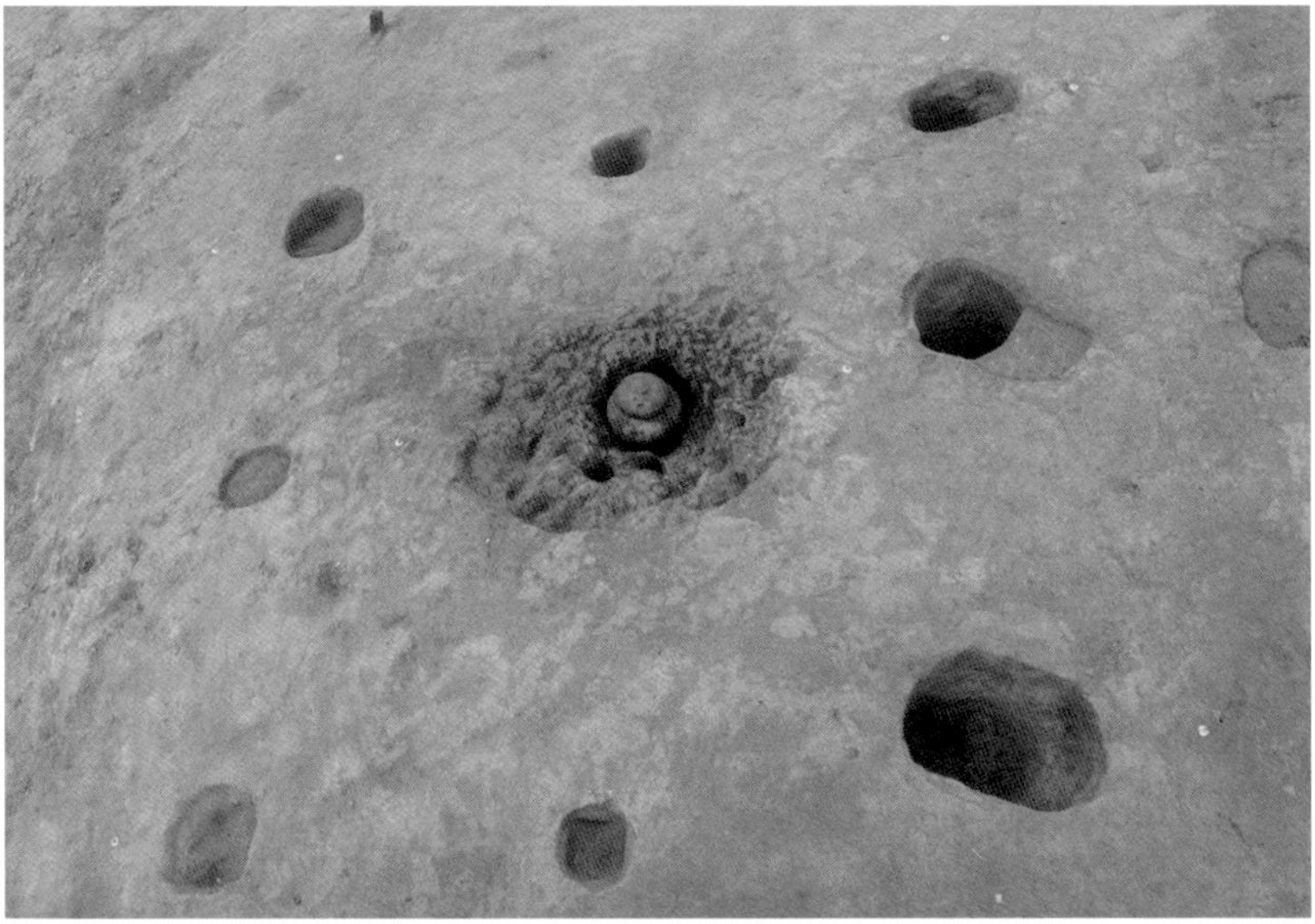

図54 ● 鳥打沢A遺跡出土の1号墓
92×80㎝の隅丸方形の掘形中央に、須恵器の蓋付き短頸壺が埋納されている。北側（写真右端）の柱穴は墓標の可能性が指摘されている。

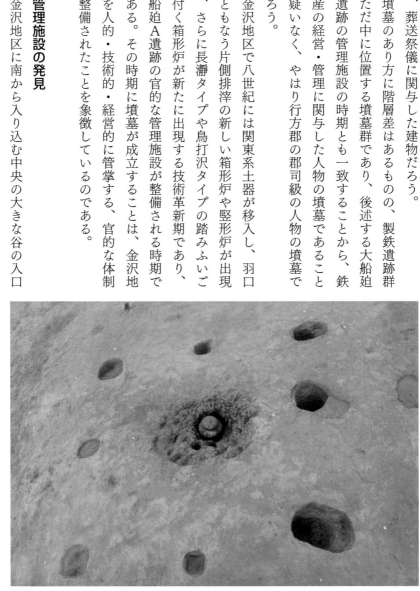

（図7㋑）、大船迫A遺跡の南端、標高一〇〜三二メートルの南向き斜面で、竪穴住居跡三二軒、掘立柱建物跡二九棟、遺物包含層一カ所、性格不明遺構五基、土坑一五基、溝跡一二条などが検出された（図55）。製鉄関連遺構は少なく、竪穴住居跡・掘立柱建物跡が主体である。

しかも竪穴住居跡と掘立柱建物跡は計画的に共存し、八世紀中葉から九世紀後葉まで七段階に変遷し、八世紀中葉〜後葉が最盛期となっている。

基本的に調査区中央と西側および中央斜面上位の三カ所で変遷し、掘立柱建物跡はほぼL字状に整然と計画的に配置され、竪穴住居跡と占地を異にしている。

図55 ● 大船迫A遺跡の南区南側全景
写真手前に掘立柱建物跡がL字形に並び、上方に竪穴住居が計画的に配置されている。

物流を示す厩舎

遺物包含層から出土した八世紀中葉の土師器杯に「厩酒杯《うまやのさけつき》」の墨書があった（図56）。これは「官が管轄する厩舎」を意味し、郡衙や駅家などの厩舎の意味がある。

ここから南方約二キロのところにある泉官衙遺跡は、七世紀後半〜九世紀の郡庁院・正倉院・館院・郡寺などが発見され、行方郡衙と確定されている。その泉官衙遺跡の調査では、郡衙の西側に南北に走る古代官道が発見されており、その北の延長線上に金沢地区があることから、官道に直結するような、官管轄の厩舎があったことが推定できる。

この泉官衙遺跡の南東約五〇〇メートルにある広畑遺跡でも「厨《くりや》」の墨書土器が出土している。泉官衙遺跡の南には運河に面した「津《つ》」の施設が発見され、物流や交通の拠点であることも明らかになっている。また、大船迫A遺跡のもう一つ東側の沢入口に立地する船沢（図7参照）は、八世紀後葉から九世紀前半の竪穴住居跡七軒のみで構成され、地名や入り江の存在、太平洋側からの入口である立地から、古代における水上交通の津の可能性が指摘され、金沢地区が陸上・水上交通の結節点であったことも指摘されている。

図56●「厩酒杯」と墨書された土師器杯
口径13cm、高さ4.3cmで、8世紀中葉のもの。

4　国府多賀城とのかかわり

土器にあった「今」の陰刻

金沢地区の長瀞遺跡では、竪穴住居跡から、行方郡衙の正倉院で用いられる平瓦が出土した（図57）。行方郡衙所用瓦の生産・流通にかかわった工人が、鉄生産にもかかわったことがわかる。労働力編成に行方郡衙が関与したことの証左である。

さらに大船迫Ａ遺跡では、「金」「今」の線刻のある八世紀中葉の土器が、遺物包含層や竪穴住居跡から出土している（図58）。この「今」の陰刻は、多賀城創建期でももっとも古い段階（養老・神亀年間）の平瓦凹面や、創建期の瓦を焼いた宮城県の下伊場野《しもいばの》窯跡群でも確認でき、「今」を陽刻していた凸型台の存在が指摘されている。

この窯跡群では凸型台による文字として「今」、「常」、「下今」が認められ、多賀城跡・多賀城廃寺跡でも出土している。

図57 ● 泉官衙遺跡出土の平瓦
タタキ目をもつ。行方郡衙正倉院の瓦。

図58 ● 大船迫Ａ遺跡出土の「今」線刻のある土器
土師器高台杯、底径13.2 cm、全面ヘラミガキ・黒色処理。８世紀。

「常」は「常陸国《ひたちのくに》」、「下今」の「下」は、「下総国《しもうさのくに》」の可能性が指摘され、国家的事業としての瓦生産を関東諸国の工人が負担したことを示しているという。とくに東海道諸国であることが注目されている。時期的にも、常陸・下総国との直接的な関係という点でも、あるいは国家的事業である点でも金沢地区と共通し、多賀城創建という国家的事業と同時に進められた国家的施策の一環であることが理解できる。

図59 ● 多賀城・山王遺跡出土の土師器蓋
上：リング状鈕の内面、「今」の線刻。
下：蓋の内面、「行方」の線刻。

多賀城跡南面の工房地区

また多賀城跡の南面に広がる山王《さんのう》遺跡では、内外面黒色処理の土師器蓋の鈕に「今」の線刻があり、その内面には「行方」とのヘラ書きが読める土器が出土している（図59）。

多賀城跡南西部の自然堤防上に広がる山王遺跡には、幅約二三メートルの南北大路、幅約一二メートルの東西大路をはじめとして、幅三〜八メートルの東西・南北の道路網が発見され、三段階の変遷を経て方格地割の施行が明らかになっている。

多賀城周辺では、八世紀末に「朱雀大路《すざくおおじ》」に相当する多賀城南門からのびる南北大路と東西大路が整備された。そして九世紀初頭には、東西大路の南と北に東西の小路が建設され、南北に一区画ずつ方格地割が成立した。

さらに九世紀後半には、東西の小路が整備され、碁盤目状の町並みが完成し、一〇世紀後半まで存続したとされている（図60）。

「今」＋「行方」の土師器蓋が出土したのは、東西大路から北に二

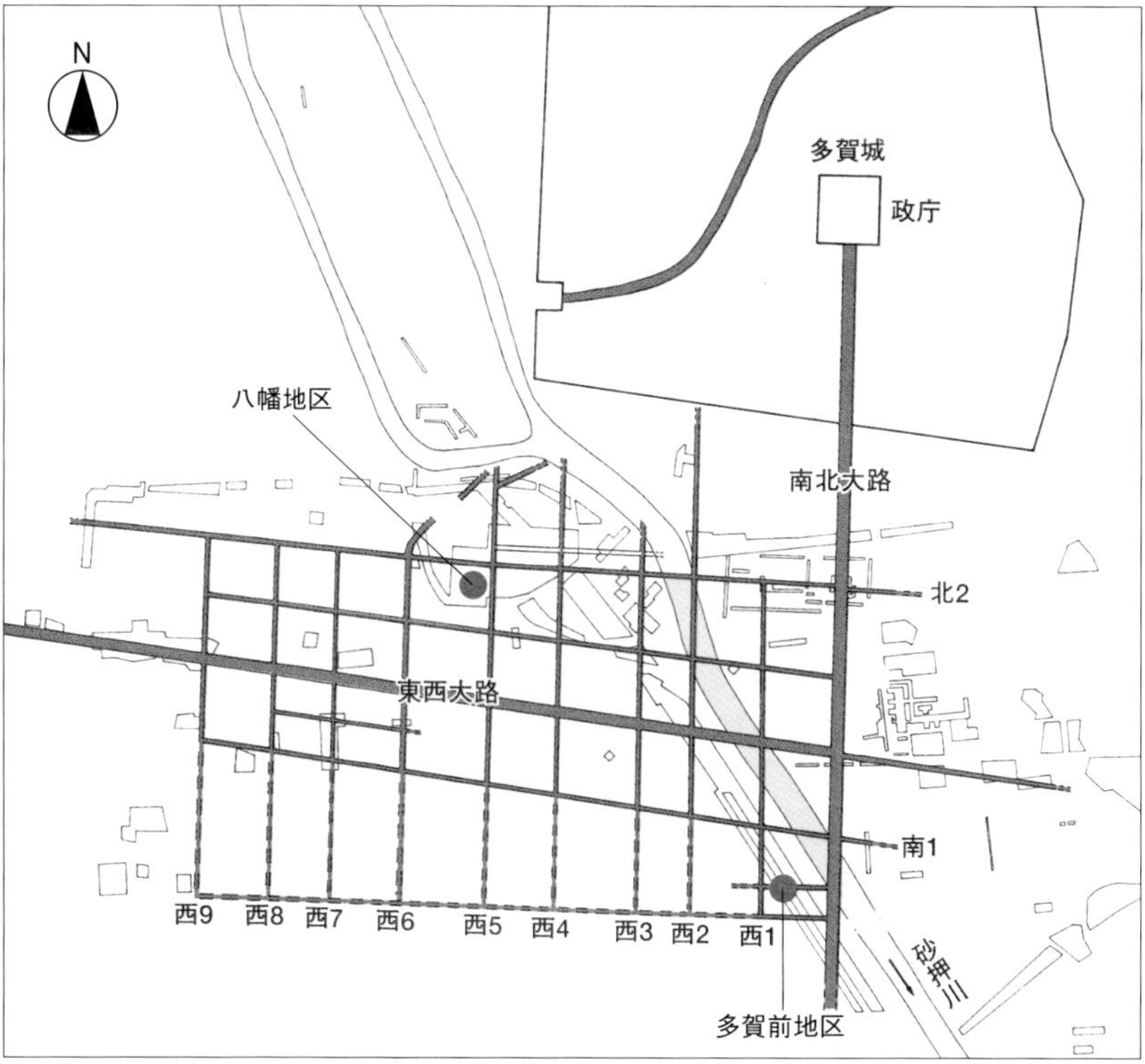

図60 ● 多賀城・山王遺跡の八幡地区と多賀前地区
多賀城の南に広がる町並みに武井・金沢製鉄遺跡群と関連の深い遺跡がみつかった。

ブロック離れた山王遺跡八幡地区（図60）で、八世紀の道路建設以前であるが、数棟の掘立柱建物跡・竪穴住居跡・井戸跡・畑跡・区画施設で構成され、漆工房の存在も推定されている。また、砂鉄を原料とする製錬滓・精錬鍛冶滓・鍛錬鍛冶滓なども出土し、鉄生産との関連も強く指摘できる。

多賀城に宇多郡の「出張所」

以上のように、須恵器・瓦・鉄・漆などに共通する手工業集団として、「今」工人集団が存在することがわかり、国府多賀城跡の膝下である山王遺跡には、その統率者が住んでいたことも指摘されている。

八幡地区からは、軍団の将である「軍毅《ぐんき》」や軍団の小単位である火の長「火長《かちょう》」、文書をつかさどる「主帳《しゅちょう》」といった軍団に関係する記載のある木簡が出土していることも示唆的である。

また、東西大路から南に二ブロック離れ、南北大路に面した山王遺跡の多賀前地区からは、「宇多東丸」「宇多田」「宇多利」「宇多長」などと記された九世紀の土師器・須恵器杯が二一点出土している。これらは基本的には「宇多＋α」の組み合わせで、「郡名＋人名」を略した文字とされている。同地区は竪穴住居跡群と溝跡で構成され、竪穴住居跡には金属関係の工房なども含まれ、宇多郡の「出張所」が存在したことが推定できるのである。

同様に、東西大路から北に二ブロック、西に四ブロック離れた山王遺跡の伏石地区では、「解文案《げぶみあん》」、「会津郡主政益継《しゅせいますつぐ》カ」と判読できる題籤軸《だいせんじく》が出土した。「主政」は郡司の三等官で文書整理にあたる官職、「益継」が名前である。八世紀中ばから九世紀初頭に会津郡の郡司層が滞在し、執務していたことは明らかであり、会津郡の「出張所」の存在が指摘できる。ここは掘立柱建物跡・工房跡・井戸跡・土坑・区画施設で構成され、会津若松市の大戸《おおと》窯跡産の須恵器も多数出土していることも注目される。

多賀城跡と陸奥南部諸郡との密接な関係

以上のように、多賀城跡と陸奥南部諸郡との関係は密接であり、軍団の国府多賀城への上番を含めて、郡司層などの常駐する場が、多賀城跡膝下の山王遺跡の「裏通り」に存在したことは確実であろう。

くり返しになるが、「今」を表徴とする工人集団が、国府多賀城や山王遺跡と金沢地区の鉄生産に直接的に関係していること、さらに八世紀前半に鉄工人と瓦工人とに集団間の移動があり、各種手工業生産が関係していることなどの背景には、国家的な意図があるといえる。

既述のように八世紀には、関東地方の土師器杯や常総型土師器甕が金沢地区で出土し、竪形炉・箱形炉の系譜を含めて、関東地方からの人的・技術的移入が確認される時期でもある。国府多賀城の創建にかかわった「今」工人集団が、東海道諸国の工人を編成して、鉄生産にも関与したことも考えられ、その官道に向けた管理施設が大船迫A遺跡（南区）であり、「厩」とよばれる公的施設も存在していた。そして、その人的な移動・交流は坂東《ばんどう》から陸奥南部を包括したものであり、国家的な背景がうかがえるのである。

律令国家の東北経営政策としての鉄生産

以上、鉄・須恵器・瓦生産という初期律令国家期の最先端の技術がセットで移入されたことを考えると、律令国家の東北経営政策の一環として、鉄生産がおこなわれたことは明らかである。本地域が、六世紀以来、大和政権との密接な関係にあり、「浮田国造《うきたのこくぞう》」の支配下にあった地域であり、早くから令制国が設置され、建評された地域であるという背景を考えても、それは理解できる。

出土文字資料などから国府多賀城との密接な関係も明らかであり、行方郡衙（泉官衙遺跡）との関係も地理的・歴史的にも不可分である。七世紀中葉には律令国家が主導して、東北経営のためにいち早く最新の技術＝鉄・瓦・須恵器を扶植し、寺院や評・郡衙を建設した。そして、宇多・行方郡に官営工房としての鉄生産地として選定されたのが、武井・金沢地区であったのである。選地の前提には、もちろん砂鉄・木炭原料の存在が当然あり、陸上・水上交通を介した国府・郡衙との連絡の利便性があった。

第５章　律令国家の対蝦夷政策

1　蝦夷の反乱と行方軍団

蝦夷と律令国家の三八年戦争

八世紀後半、律令国家は東北地方に支配をおよぼそうとし、それに対して蝦夷《えみし》は激しく抵抗した。「伊治公呰麻呂《いじのきみあざまろ》の乱」に代表される七七四年（宝亀五）から八一一年（弘仁二）に至る、「三八年戦争」といわれる「蝦夷の反乱」に対する征討があり、文献史料に蝦夷征討がもっとも頻出する時期である（図61）。

行方郡には行方軍団が設置され、安積《あさか》軍団・白河軍団とともに軍事的に国府多賀城を支える体制が整備された。既述のように八世紀は、金沢地区ではまさに技術革新期であり、経営・管理体制が整えられ、飛躍的に生産量がのびた時期である。

古代行方郡は遅くとも七一八年（養老二）に建郡された。八一五年（弘仁六）の太政官符で

六五八～六〇	阿倍比羅夫《ひらふ》、日本海側の蝦夷の地を遠征。 ■この頃、金沢地区で製鉄が始まる。
七〇一	凡海宿禰麁鎌《おおしあまのすくねあらかま》、陸奥に派遣されて冶金に従事。
七一〇	平城京に都を移す。
七一八	石城・石背の二国を置く。行方郡は石城国に（七二八年までに廃止）。
七二〇	蝦夷が陸奥国按察使《あぜち》を殺害。征夷軍が派遣される。
七二四	蝦夷が陸奥国大掾《だいじょう》を殺害。征夷軍が派遣される。 大野東人、多賀城を築く。
七四六	陸奥国に六軍団のあったことが記録によって知られる。おそらく名取・玉造・小田・行方・安積・白河か。
七七四	蝦夷、桃生城を落とす。この頃より蝦夷の抵抗相次ぐ（蝦夷三八年戦争の始まり。～八一一）。 行方郡で火災、穀類二万五千余石を焼失。 ■踏ふいごが導入され、この頃から九世紀初めにかけて、金沢地区の製鉄は最盛期を迎える。
七八〇	伊治公呰麻呂《いじのきみあざまろ》、按察使を殺害。多賀城も炎上（伊治公呰麻呂の乱）。征夷軍を派遣。
七八九	蝦夷阿弖流為《あてるい》、征夷軍を大敗さす。
七九四	征夷軍、胆沢《いさわ》地方の蝦夷を攻撃、戦果をあげる。 平安京に都を移す。
八〇一	坂上田村麻呂、遠征して来たる。
八〇二	田村麻呂、胆沢城（岩手県）を築く。 阿弖流為、降伏す。
八〇三	田村麻呂、志波城（岩手県）を築く。
八一一	征夷軍を派遣し、爾薩体《にさて》（岩手～青森県）・幣伊（岩手県）の蝦夷を攻める（蝦夷三八年戦争の一応の終結）。
八一五	陸奥国城塞・軍団の兵士の員数を定める。行方軍は千人。
八七八	出羽国の蝦夷、反乱を起こし、秋田城を焼く。官軍敗戦相次ぐも、翌年鎮静化する（元慶の乱）。 ■この頃、金沢地区での製鉄は、ほぼ終焉を迎える。

図61 ● 蝦夷と律令国家の戦争

図 62 ● 陸奥国・出羽国への律令国家の進出

は、行方団（軍団）の存在が知られ、多賀城跡出土の漆紙《うるしがみ》文書には、七八〇年（宝亀一一）に「行方團□毅《き》上毛《かみつけ》野《の》朝《あ》□」から発せられた文書があり（図63）、遅くとも七八〇年には行方軍団の存在が知られる。

行方軍団の存在と鉄の需要

弘仁六年の太政官符によると、行方軍団は一〇〇〇から二〇〇〇の動員兵力があり、五〇〇名の兵力で、安積軍団・白河軍団と交代で国府多賀城に上番した。この兵力は蝦夷征討軍の供給源とされている。

全国的には七九二年（延暦一一）に、二一歳以上六〇歳以下の健康な成年男子から徴兵する軍団は廃止され、地方の郡司子弟などを採用した「健《こん》児《でい》」を国衙の守備に当たらせたとされているが、辺要の軍事体制は温存を図ったとされ、陸奥国・出羽国の軍制は残り、平安時代にも機能したこと

図63 ● 行方軍団の存在を示す漆紙文書（右：実写、左：赤外線写真）
780年（宝亀11）、行方軍団の指揮官・上野毛朝臣（かみつけのあそん）が□月9～18日までの10日分の食料を請求した文書。この年は伊治公呰麻呂が多賀城を焼き討ちした年である。

が指摘されている。いかに対蝦夷戦争が困難をきわめたかがうかがえる。

令のなかで軍備を定めた「軍防令《ぐんぼうりょう》」の各条などによれば、兵士は糒《りょう》（ほしいい、保存用の飯）・塩をはじめ、捕縛用具などをみずから準備して軍団の倉に納め、兵士一人ずつに「征箭」（矢）、「太刀」「刀子」（小刀）を、一〇人ごとに「小釜」「斧」「鑿《のみ》」「鎌」「鉗《かん》」などを、そして五〇人ごとに「手斧」などを装備することになっており、多くの鉄製品を準備することが義務づけられていた。軍団を維持するためには膨大な武器・食料・人員が必要であり、三八年間の戦時体制のなかで多量の武器・武具を消耗したことは想像に難くない。金沢地区Ⅲ・Ⅳ期の技術革新は、この膨大な鉄需要に応えたものと評価できよう。

このように律令国家は、国府多賀城を支える地域として陸奥国南部の福島県域などを設定し、それらの地域が東北経営の後背地として機能し、対蝦夷戦争の人的・物的動員体制を担ったのである。その時期は八世紀中葉から九世紀前半をピークとしており、まさに製鉄遺跡群の生産のピークと一致している。

2　郡司層による生産体制の整備

鍛冶生産集落の展開

さて、武井・金沢地区の鉄生産が集約的・分業的・計画的であったことは既述のとおりであり、山林原野の用益や人的な動員を考慮すると、律令国家の公認の下に、郡司層が主導したと考えられる。

郡司層は、熟練労働力＝指導者の技術指導の下に、「調」物の貢納や「庸」役として徴発・編成された在地の非熟練労働力により、生産体制を組織したと推察できる。こうして編成された生産体制は、山野を舞台とした技術伝習を可能にし、再生産を可能にしたといえる。

武井地区の南西約一・五キロに位置する三貫地遺跡では、七世紀後半から九世紀の集落を調査し、竪穴住居跡三九軒、掘立柱建物跡四〇棟、鍛冶工房八軒、鍛冶炉四基を検出した。

七世紀後半、この集落は竪穴住居の集落で、円面硯（図64）など須恵器が多く出土する。同じ丘陵上にある善光寺・高田遺跡も須恵器生産の工人集落であったと考えられる。

八世紀前半に断絶があるが、八世紀後半には、掘立柱建物跡が出現してL字形の官衙風な配置となる。竪穴住居跡は大型化し、精錬・鍛錬・鍛冶生産が導入され、公的・集約的・分業的な鍛冶生産集落となる。この鍛冶生産は、原料の鉄を武井地区を中心とする製錬生産から供給していたと考えられる。

九世紀前半になると、L字形配置の掘立柱建物跡群は消滅し、一方、鍛冶炉が増加し、二〜三軒の竪穴住居跡・掘立柱建物跡で構成される鍛冶生産集落となる。

図64●泉官衙遺跡出土の円面硯
これは8世紀のものの復元。7世紀後半には実用ではなく権威的なものであったようだ。

そして九世紀後半以降、掘立柱建物跡の集落となり、鍛冶生産は消滅する。

このように三貫地遺跡の集落は、善光寺遺跡の須恵器・瓦生産や武井地区の鉄生産を前提とした工人集落であり、その消長は武井地区の製鉄生産と一致し、やはり郡司層が関与した生産体制の一環であった可能性が考えられる。

さらに隣接する北原遺跡でも、九世紀を中心とする竪穴住居跡二四軒、掘立柱建物跡五棟の集落が発見された。鍛冶滓や羽口が多く出土し、住居跡内から鍛造剥片（鍛冶作業のときに飛び散った火花）も確認でき、鍛冶生産を主体とする集落であることが明らかにされている。鍛冶集落に面的な広がりが推測できる。

蝦夷征討動員のために郡司層懐柔策

このように鍛冶による製品は、郡衙工房的な集落で集約的に生産され、「調」物として貢納されたり、交易物として流通したと想定されよう。軍団が自弁すべき武具・工具・農具も、こうした生産体系の下、一定の契約関係のなかで生産されたことが推察される。

一方、郡司層が郡衙を造営し、軍団を編成し、鉄生産経営を主導した直接の動機は、律令体制下での自己の地位の維持・強化であり、私富の形成であったと指摘されている。

七六九年（神護景雲三）、郡司層である「宇多郡人外正六位上勲十等吉弥侯部石麻呂」が「上毛野《かみつけのの》陸奥公《むつのきみ》」を賜姓された。さらに同年、「宇多郡人外正六位下吉弥侯部文知」も同じく賜姓され、「行方郡人外正六位下大伴部三田等四人」が「大伴行方連《おおとものなめかたむらじ》」を賜姓され、「行方郡外正七位下毛野公田主等四人」が「朝臣《あそん》」を賜姓されている。七九七年（延暦一六）には「行方郡人外少初位上大伴部兄人等」が「大伴行方連」を賜姓されている。

これらの賜姓・叙位の記事は、律令国家が蝦夷征討動員のために、地元郡司層を懐柔していたことを端的にあらわしている。

蝦夷の反乱・征討の頻発という律令国家の危機意識を背景に、鉄製品の量産要求に応えるかたちで、八世紀の鉄生産は展開し、九世紀前半に最盛期を迎えたことになる。まさに、律令国家の対蝦夷政策に対応する形で鉄生産が展開し、消長したのである。同時にそれは、在地の生産・需要を喚起し、鉄生産技術の普及をもたらしたことも事実であった。

3　鉄生産の広がりと環境破壊

周辺の製鉄遺跡群

行方郡では、金沢地区の周囲でも多数の製鉄遺跡が発見されている。

西側三キロに位置する鹿島区の大迫《おおさく》遺跡では、八世紀の、鉄生産工人と須恵器生産工人の密接な関係をあらわす須恵器窯が確認された。また、九世紀中葉から後半とされる土師器杯には「厨《くりや》」の墨書があり、官主導で鉄生産がおこなわれたことを物語っている。

この大迫遺跡から西側約一キロ、金沢地区から約四キロに位置する鹿島区の割田《わった》地区遺跡群では、八遺跡、約一〇万平方メートルを調査中で、九世紀を中心とする製鉄炉・木炭窯・竪穴

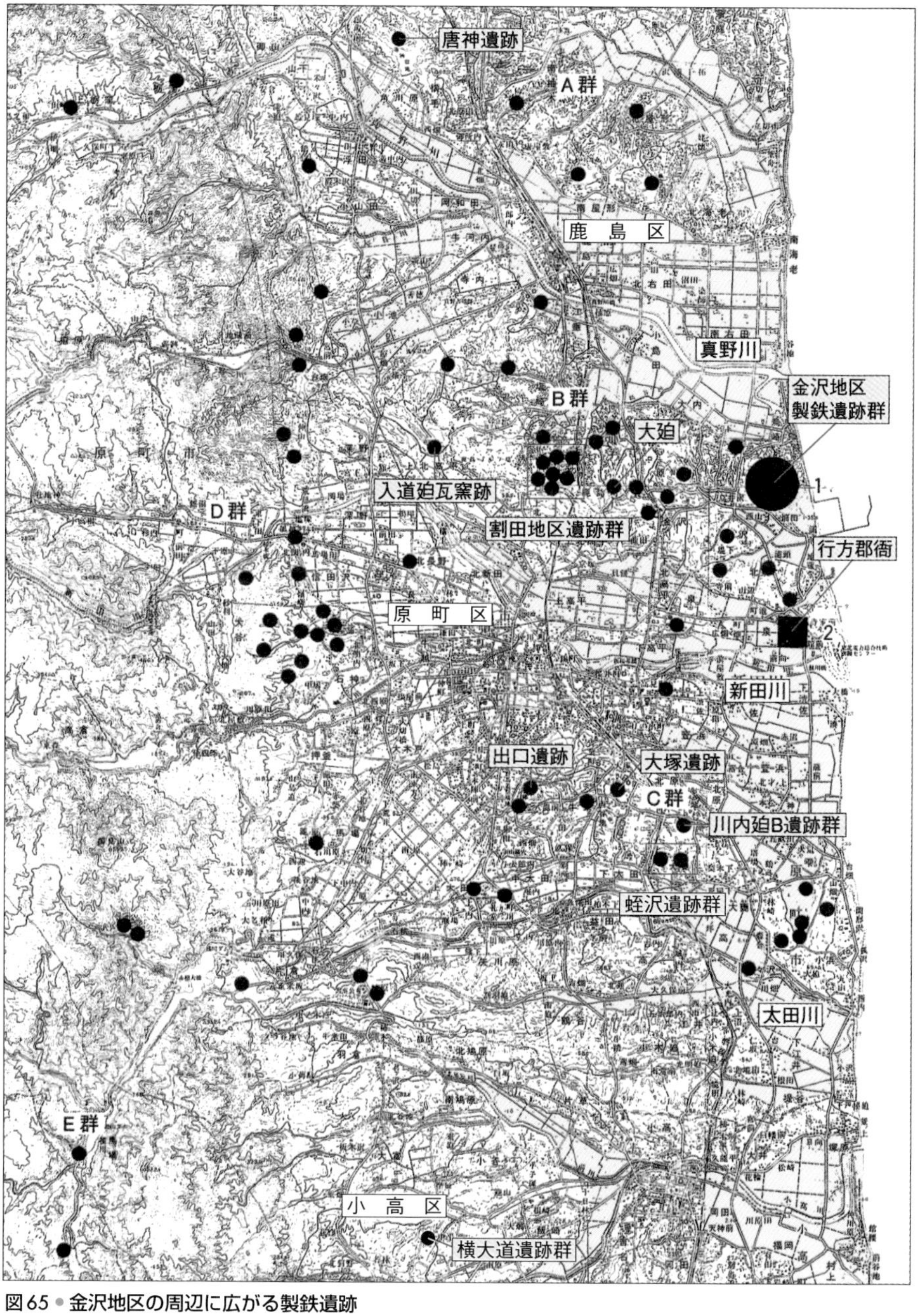

図 65 ● 金沢地区の周辺に広がる製鉄遺跡
海岸から阿武隈高地まで数キロにわたり丘陵地帯に製鉄遺跡群が分布している。

住居跡・鍛冶炉・土坑・粘土採掘坑などを発見し、製鉄遺跡群のさらなる面的な広がりが明らかにされつつある。さらに、割田地区遺跡群の西側約四キロ、金沢地区から八キロに位置する南相馬市原町区の入道迫《にゅうどうさく》瓦窯跡では、八〜九世紀の須恵器・瓦窯のほかに木炭窯も調査されている。

以上のように、行方郡衙の北西、真野川と新田川に挟まれた丘陵地帯には、海岸の金沢地区から内陸約一〇キロまで面的に製鉄遺跡群が広がることが明らかである（図65）。

植生破壊と景観変化

しかし、いずれの遺跡群も、金沢地区の製鉄遺跡群とくらべると時間幅・年代幅が短く、遺構の密度も低い。どちらかというと海岸部にある金沢地区から時期が下るごとに、内陸に拡散している現象として理解できる。おそらく、木炭燃料の原料を求めて、内陸へ拡散したと推測される。

金沢地区の北西約一五キロの南相馬市鹿島区の唐神《からかみ》遺跡では、八〜九世紀と推定される製鉄炉五基などが調査され、風字硯などが出土している。この阿武隈高地の東縁地域でも、複数の古代製鉄遺跡群が確認されている。南相馬市原町区の出口《でぐち》遺跡では、長方形箱形炉四基、廃滓場一カ所などが調査され、奈良・平安時代の製鉄遺跡とされている。原町区の蛭沢《ひるさわ》遺跡群では、八世紀中葉〜九世紀の製鉄炉一八基（長方形箱形炉一七基、竪形炉一基）、木炭窯二基、竪穴住居跡二軒などが調査された。

隣接する川内迫《かわうちさく》B遺跡群では、八世紀中葉から九世紀の製鉄炉五基（長方形箱形炉四基、竪形炉一基）、木炭窯八基、竪穴住居跡九軒などが調査され、獣脚鋳型の出土もあり、行方郡でも鋳造がおこなわれたことが明らかとなった。近接する原町区の大塚遺跡でも、八〜九世紀の製鉄炉・木炭窯・竪穴住居跡が調査された。太田川北方の丘陵地帯に、やはり複数の古代製鉄遺跡群の存在が明らかにされつつある。

一方、宇多郡では、武井地区の西約四キロに位置する猪倉《いのくら》A遺跡では、九世紀後半の長方形箱形炉六基、木炭窯二基、竪穴住居跡二軒が調査され、隣接する猪倉B遺跡では九世紀の長方形箱形炉一基、鋳造遺構二基、木炭窯五基、竪穴住居跡一四軒、須恵器窯七基が調査された。やはり隣接する山田A遺跡では、九世紀前半の長方形箱形炉四基、竪形炉一基、鋳造遺構六基、木炭窯一四基、竪穴住居跡三軒などが調査され、山田B遺跡では、九世紀の長方形箱形炉一基、木炭窯四基、竪穴住居跡一軒などが調査された。また、武井地区の南約二キロに位置する大森C遺跡では、一〇世紀の長方形箱形炉二基が調査されている。

このように宇多・行方郡では、阿武隈高地から太平洋に向かって張り出す丘陵地には、すべて古代製鉄遺跡群が存在し、それに重なるように須恵器・瓦窯跡も存在し、一大手工業生産地帯を形成した。

これは律令国家の東北経営、対蝦夷政策（戦争）という国家的な政策を背景とした、理不尽なまでに拡大しつづけた生産の結果といえよう。これによって、この地域では植生破壊が起こり、景観が変化したことは容易に想像できるところである。

第6章　その後の製鉄遺跡

古代製鉄遺跡が国指定史跡に

二〇一一年二月七日に南相馬市横大道《よこだいどう》製鉄遺跡が国史跡に指定された。古代製鉄遺跡としては、滋賀県草津市瀬田丘陵生産遺跡群についで二例目であり、福島県浜通り地方では、はじめて製鉄遺跡が国史跡に指定された。画期的なことであった（図66）。

この遺跡は一九九七年の表面調査で発見され、一七万六〇〇〇平方メートルの範囲が確認された。二〇〇四年と二〇〇六～〇七年に試掘調査をおこない、常磐自動車道建設予定地内で一万三三〇〇平方メートルの要保存面積を確定した。二〇〇七年度の発掘調査で、古代製鉄技術系譜や、地域における意義と歴史を考えるうえで重要な遺構が発見されたことから、製鉄炉群に木炭窯群を含めた一体的な遺跡保存が検討された。そして、二〇〇九年度に遺跡の内容・範囲を把握するための分布調査、試掘確認調査が実施された。

分布調査は横大道遺跡を中心に南相馬市小高区飯崎の二五ヘクタールを対象に実施し、木炭

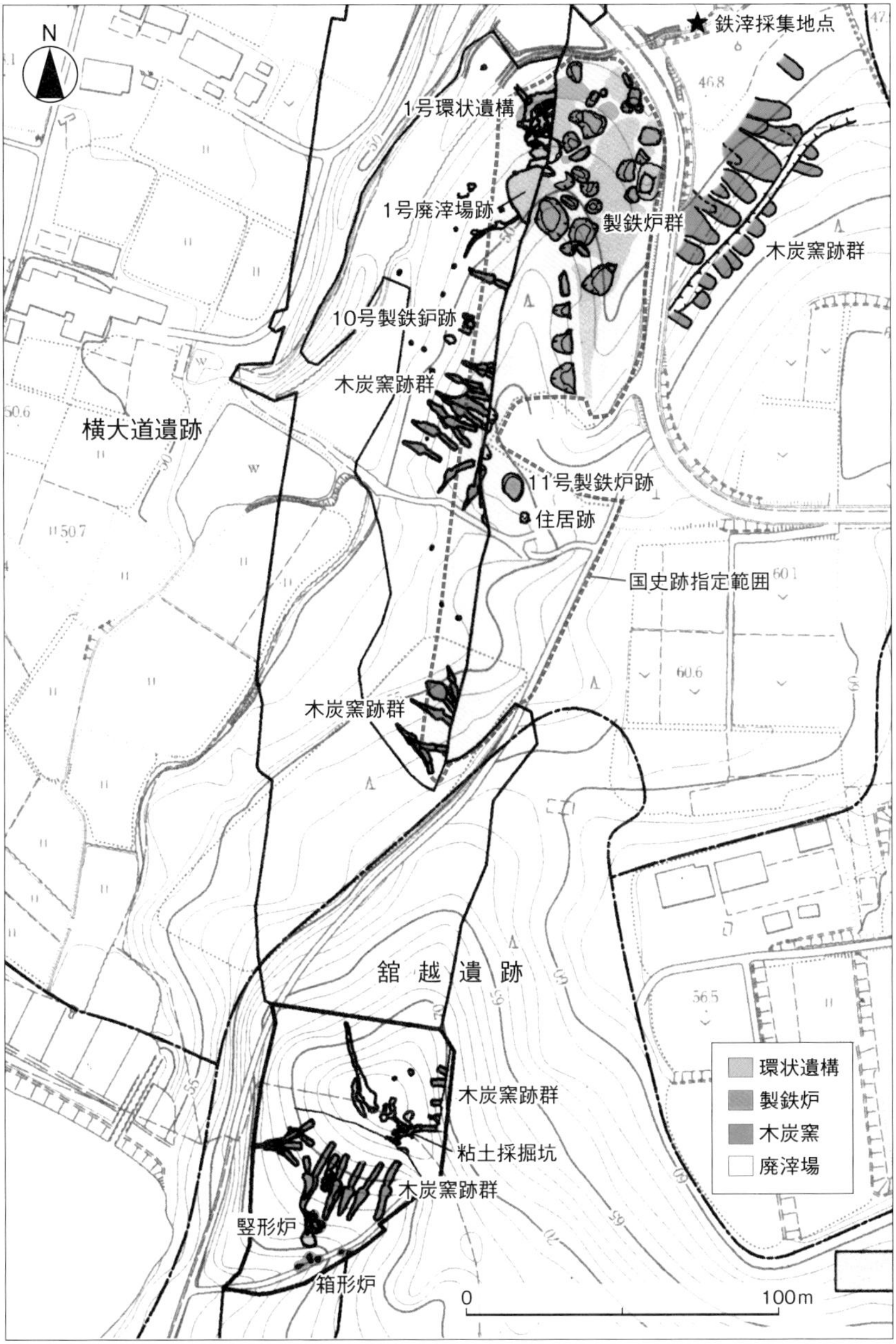

図66 ● 横大道遺跡と舘越遺跡
横大道遺跡は、密集する製鉄炉群を中に、その周囲には木炭窯群が集中する。8世紀後半。

窯と推定される窪地が三五カ所確認され、鉄滓・炉壁・鋳型・羽口などを採集した。そして、横大道遺跡の東側に三万一〇〇〇平方メートルと遺跡の範囲は拡大し、全体で二〇万七〇〇〇平方メートルとなり、近接して新たに中平A・B遺跡、天梅《てんばい》遺跡も発見され、後述する舘越・横大道遺跡を含めて、製鉄遺跡群を形成していることが明かとなった。また、横大道遺跡の試掘調査では、製鉄炉四基、鉄滓分布範囲一〇カ所、木炭窯五基、竪穴住居一軒などを確認した。

横大道遺跡群

横大道遺跡を中心とする横大道遺跡群は、南相馬市小高区飯崎にある。海岸から六キロほど内陸の標高四〇～六〇メートルの丘陵上に、横大道・舘越・天梅・中平A・B遺跡などの一大製鉄遺跡群が形成されている（**図67**）。横大道遺跡の製鉄関連遺構は段丘面から一段高い標高約四五～五七メートルの遺跡南西部の丘陵地に限定でき、確認された遺構は製鉄炉と木

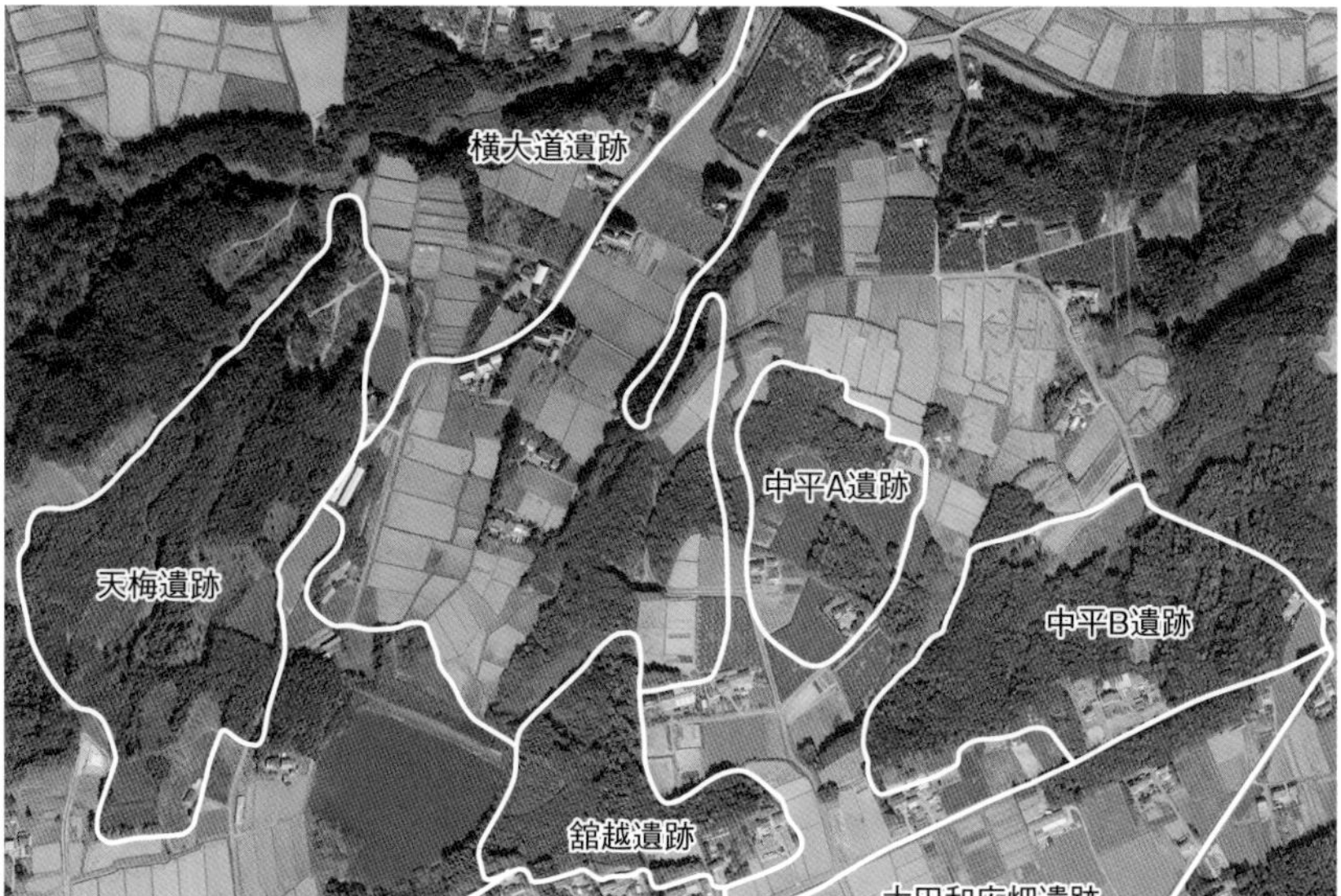

図67 ● 横大道遺跡群
横大道・舘越・天梅・中平A・B遺跡で構成される。

炭窯が主体であり、密集する製鉄炉群を中核に、その周囲に三カ所の木炭窯集中域が展開する。製錬作業域と製炭作業域を明確に区分して、遺構を極端に集中させている。隣接する舘越遺跡でも八世紀後半から九世紀前半の木炭窯の集中がみられ、中平A遺跡でも試掘調査の結果、十数基の木炭窯が集中することが予想されている。

横大道遺跡は常磐自動車道建設にともない、二〇〇七～一〇年に約一万三〇〇〇平方メート

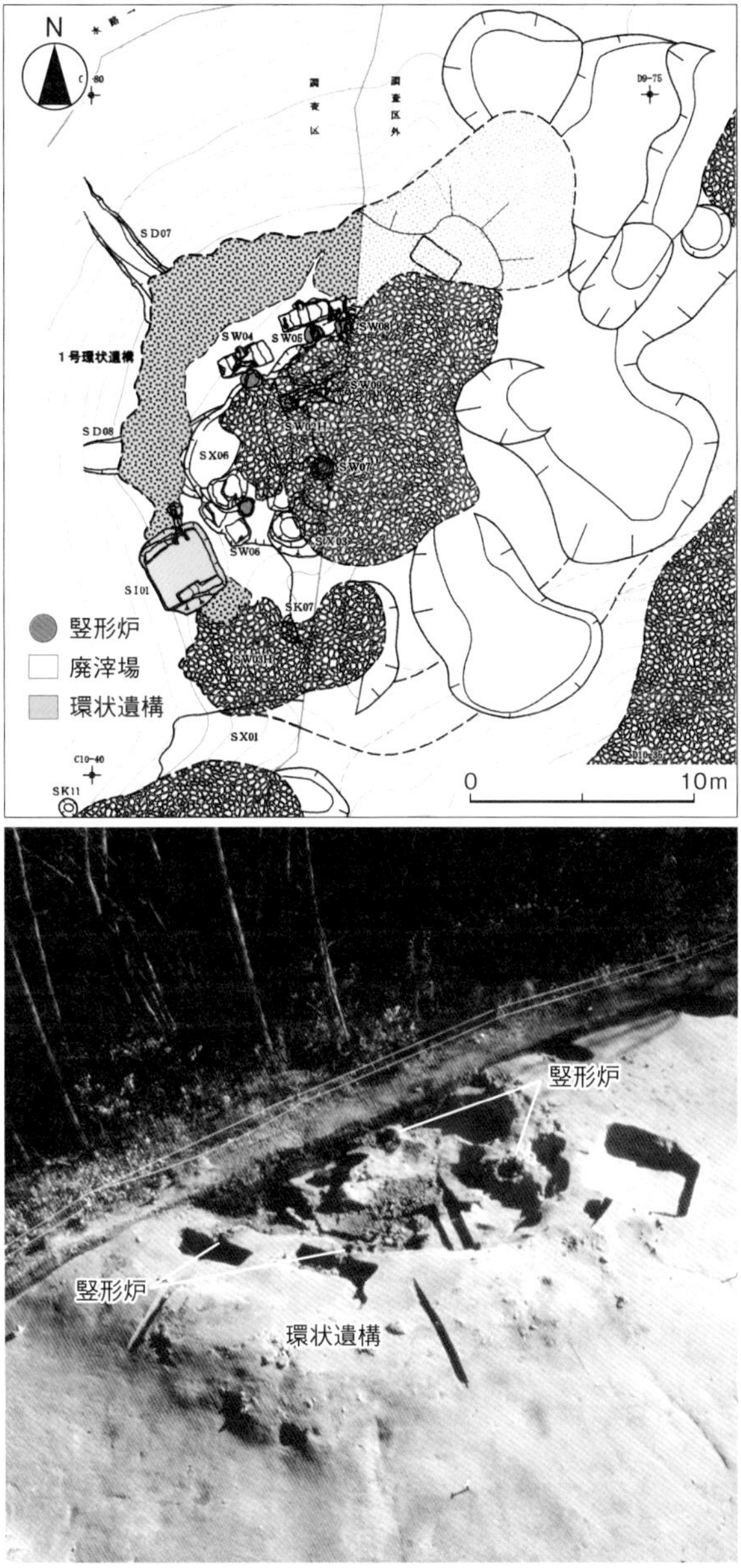

図68 ● 横大道遺跡1号環状遺構
直径20ｍほどの馬蹄形の窪地の内側から竪形炉を6基検出。8世紀後半。

ルが発掘調査され、八世紀後半から九世紀中ごろの環状遺構一基、製鉄炉七基、廃滓場四基、竪穴住居一基、木炭窯三一基などが調査された。そのなかでも環状遺構が注目され、直径二〇メートルほどの馬蹄形のくぼ地の内側から、八世紀後半の竪形炉が六基検出された。人工的な造成地に、計画的に製鉄炉を配置するあり方は、全国的にも類例をみない（図68）。

舘越遺跡も常磐道自動車建設にともない、二〇〇八年に約四〇〇〇平方メートルが発掘調査され、八世紀後半から九世紀前半とされる製鉄炉三基、木炭窯一八基、粘土採掘坑などが調査された。

全長八メートルを超えるような長大な木炭窯が調査され、八世紀後半と推定された。その規模・形態・構造から南関東からの技術導入の可能性が指摘されている（図69）。

横大道遺跡が国史跡に指定されたわずか一カ月後の二〇一一年三月一一日に「東日本大震災と原発事故」という未曽有の大災害が発災した。遺跡を含む地域は

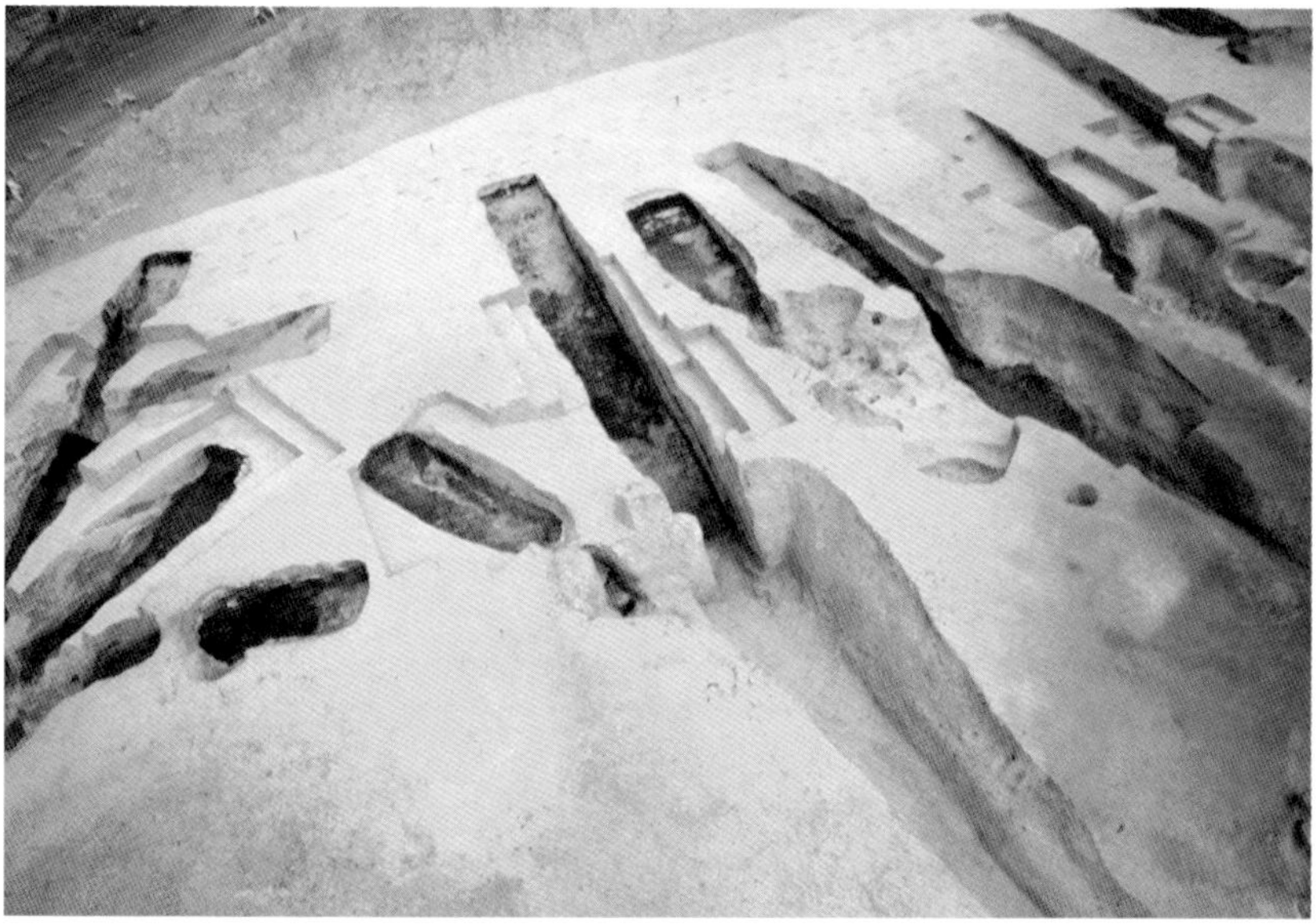

図69 ● 舘越遺跡木炭窯群全景
木炭窯が集中する。全長8mを超える長大な木炭窯もある。8世紀後半。

警戒区域→避難指示区域→避難指示準備区域→居住制限区域となった。現在でこそ、すべて解除されてはいるが、いまだ自由に史跡を訪れ、史跡を体感できる状況にはない。地域の復興は道半ばであるが、いずれ古代の製鉄遺跡を体験できる場となり、史跡が本当の「心の復興」を実感できる場になることを望みたい。

今後の課題

この四半世紀の間に製鉄遺跡に対する認識は飛躍的に増大した。逆に、新たな課題も生まれた。それは遺構・遺物の評価方法、たとえば「鉄滓」「炉壁」「羽口」などの形態的な分析ばかりでなく、分析科学あるいは金属学的な評価も不可欠である。

とくに問題となったのは鉄滓である。この整理・分析方法については、穴澤義功らの助

図70 ● 大船迫A遺跡7・8・12号製鉄炉の廃滓場の調査風景
高さ2ｍほどの鉄滓の山を掘り進めている。

言をいただき、外観と磁着度（磁石に付着する強弱）で分類・計量する方法がとられ、集計された。これは生産量や操業状況の復元という面では一定の成果をあげたが、分類基準の曖昧さから「分類して何を明らかにするか」という根本的な問題が問われている。

製鉄遺跡の調査では、分析科学などの他分野との学際的な協業が不可欠にもかかわらず、さまざまな要因からそれが成功している事例は少ない。鉄滓の評価方法を含めた学際的な協業のかたちを、今後、どうつくることができるかが課題となろう。復元操業実験のような実験考古学的手法によるフィードバックも有効であろう。

最後に、これから製鉄遺跡を調査する方々に、みずからのつたない経験から反省と自戒の意味で申し上げるとすれば、それはどうしても敬遠されがちな「廃滓場」「鉄滓」の調査に真正面からとり組んでほしいことである（図70）。

まさに〝製鉄遺跡は「かなご」から〟である。

主な参考文献

鹿島町教育委員会　一九八〇『唐神遺跡調査報告』
国士舘大学文学部考古学研究室　一九八四『考古学研究室発掘調査報告書』
鈴木　啓　一九八五「神護景雲三年陸奥国の一括賜姓」『福島地方史の展開』小林清治先生還暦記念会編
福島県教育委員会・(財)福島県文化センター　一九八五『相馬開発と遺跡』
高橋富雄編　一九八六『東北古代史の研究』吉川弘文館

新地町教育委員会　一九八七『金子坂遺跡』
新地町教育委員会　一九八七『向田C・D遺跡　向田経塚』
福島県教育委員会・(財)福島県文化センター　一九八六・八七・八九『国道一一三号バイパス遺跡調査報告Ⅱ・Ⅲ・Ⅴ』
福島県教育委員会・(財)福島県文化センター　一九八九『相馬開発関連遺跡調査報告Ⅰ』
橋本　裕　一九九〇『律令軍団制の研究』吉川弘文館
多賀城市埋蔵文化財調査センター・建設省東北地方建設局　一九九一『山王遺跡　第十次発掘調査概報』
福島県教育委員会・(財)福島県文化センター　一九九一〜九八『原町火力発電所関連遺跡調査報告Ⅰ〜Ⅸ』
たたら研究会編　一九九一『日本古代の鉄生産』六興出版
高橋　崇　一九九一『律令国家東北史の研究』吉川弘文館
五十川伸矢　一九九二「古代・中世の鋳鉄鋳物」『国立歴史民俗博物館研究報告』第四六集
坪井清足・須藤隆・今泉隆雄編　一九九二『新版　古代の日本　九　東北・北海道』角川書店
宮城県多賀城跡調査研究所　一九九四『下伊場野窯跡群』
福島県教育委員会・(財)福島県文化センター　一九九五『真金吹く陸奥の行方』
宮城県教育委員会・建設省東北地方建設局　一九九五〜九七『山王遺跡Ⅱ〜Ⅴ』
福島県教育委員会・(財)福島県文化センター　一九九六・九七『相馬開発関連遺跡調査報告Ⅳ・Ⅴ』
多賀城市埋蔵文化財調査センター・建設省東北地方建設局　一九九七『山王遺跡Ⅰ』
福島県相双建設事務所・原町市教育委員会　一九九八『東ケ丘公園整備事業関連遺跡調査報告書』
大田区立郷土博物館　一九九八『製作工程の考古学』
宮城県教育委員会　一九九九『発掘ダイジェスト―山王・市川橋遺跡―』
原町市教育委員会　二〇〇〇『蛭沢遺跡群C地区・D地区』
利府町教育委員会　二〇〇一『大貝窯跡〜2・4次調査〜現地説明会資料』
原町市教育委員会　二〇〇三『蛭沢遺跡群・川内廹B遺跡群』
原町市　二〇〇三『原町市史4　資料編Ⅱ　古代』
原町市教育委員会　二〇〇三『泉廃寺跡』

大道和人　二〇〇三「半地下式竪形炉の系譜」『考古学を学ぶ　Ⅱ』（同志社大学考古学シリーズⅧ）
田中広明　二〇〇四「七世紀の陶硯と東国の地方官衙」『歴史評論』第六五五号
能登谷宣康　二〇〇五「金沢地区の古代鉄生産」『福島考古』46号　福島県考古学会
藤木　海　二〇〇五「泉廃寺跡の調査成果」『福島考古』46号　福島県考古学会
（財）福島県文化振興事業団福島県文化財センター白河館　二〇〇四『まほろん通信』一一・一二
中世考古学の総合的研究—学融合を目指した新領域創生—事務局　二〇〇五『平成一六年度二回総合会議研究論文集』
福島県教育委員会・（財）福島県文化振興事業団　二〇一〇『常磐自動車道遺跡調査報告60　横大道遺跡』
福島県教育委員会　二〇一〇『福島県内遺跡分布調査報告16　南相馬市横大道遺跡』
福島県教育委員会・（財）福島県文化振興事業団　二〇一一『常磐自動車道遺跡調査報告62　舘越遺跡』
福島県文化財センター白河館　二〇二〇『シンポジウム「鉄の道をたどる」予稿集』

写真の出典

福島県文化財センター白河館：図2・3・9〜17・19〜28・31〜36・41・42・44〜48・50〜56・58・67・68下・69・70・博物館紹介／南相馬市博物館：図30・57・64・博物館紹介／多賀城市教育委員会：図59／東北歴史博物館：図63／東北電力株式会社　原町火力発電所：博物館紹介／上記以外は著者

図の出典

図29・37：『原町火力発電所関連遺跡調査報告Ⅱ』に加筆／図39：『製作工程の考古学』大田区立郷土館に加筆／図49：『相馬開発関連遺跡調査報告Ⅰ』に加筆／図60：『発掘ダイジェスト—山王・市川橋遺跡—』に加筆／図40・65：「金沢地区の鉄生産」『福島考古』46号に加筆／図66・68上：『シンポジウム「鉄の道をたどる」予稿集』に加除修正／上記以外は著者および主な参考文献

金沢製鉄遺跡　製鉄炉保存館

・福島県南相馬市原町区金沢大船迫54
・東北電力（株）原町火力発電所内
・ＪＲ常磐線・原ノ町駅よりタクシーで20分

※見学の問い合わせは、東北電力（株）原町火力発電所総務グループ０２４４（24）１６１４へ。

製鉄炉保存館内部

南相馬市博物館

・南相馬市原町区牛来字出口１９４
・電話　０２４４（23）６４２１
・開館時間　９：00～16：45
・休館日　毎週月曜（月曜が休日の場合、翌日）、年末年始
・入館料　一般３００円、高校生２００円、小中学生１００円
・ＪＲ常磐線・原ノ町駅よりタクシーで10分

竪形製鉄炉の実物・復元模型を展示、古代行方郡関連の展示も充実。

南相馬市博物館

福島県文化財センター白河館（まほろん）

・福島県白河市白坂一里段86
・電話　０２４８（21）０７００
・開館時間　９：30～17：00
・休館日　月曜（月曜が休日の場合は火曜）、祝日の翌日、年末年始
・入館料　無料
・JR東北新幹線／東北本線・新白河駅からタクシーで10～15分。白河市循環バスで「まほろん」下車。車で、東北自動車道白河ICから20分

復元した踏みふいご付設長方形箱形炉、古代製鉄のようすの模型などを展示。

福島県文化財センター白河館（まほろん）

遺跡には感動がある

――シリーズ「遺跡を学ぶ」刊行にあたって――

「遺跡には感動がある」。これが本企画のキーワードです。

あらためていうまでもなく、専門の研究者にとっては遺跡の発掘こそ考古学の基礎をなす基本的な手段です。また、はじめて考古学を学ぶ若い学生や一般の人びとにとって「遺跡は教室」です。

日本考古学では、もうかなり長期間にわたって、発掘・発見ブームが続いています。そして、毎年厖大な数の発掘調査報告書が、主として開発のための事前発掘を担当する埋蔵文化財行政機関や地方自治体などによって刊行されています。そこには専門研究者でさえ完全には把握できないほどの情報や記録が満ちあふれています。しかし、その遺跡の発掘によってどんな学問的成果が得られたのか、その遺跡やそこから出た文化財が古い時代の歴史を知るためにいかなる意義をもつのかなどといった点を、莫大な記述・記録の中から読みとることははなはだ困難です。ましてや、考古学に関心をもつ一般の社会人にとっては、刊行部数が少なく、数があっても高価なその報告書を手にすることすら、ほとんど困難といってよい状況です。

いま日本考古学は過多ともいえる資料と情報量の中で、考古学とはどんな学問か、また遺跡の発掘から何を求め、何を明らかにすべきかといった「哲学」と「指針」が必要な時期にいたっていると認識します。

本企画は「遺跡には感動がある」をキーワードとして、発掘の原点から考古学の本質を問い続ける試みとして、日本考古学が存続する限り、永く継続すべき企画と決意しています。いまや、考古学にすべての人びとの感動を引きつけることが、日本考古学の存立基盤を固めるために、欠かせない努力目標の一つです。必ずや研究者のみならず、多くの市民の共感をいただけるものと信じて疑いません。

二〇〇四年一月

戸沢充則

著者紹介

飯村　均（いいむら・ひとし）

1960年生まれ。学習院大学法学部政治学科卒業。

元（公財）福島県文化振興財団福島県文化センター副館長。

主な著作『図解・日本の中世遺跡』(共編著、東京大学出版会)、『鎌倉・室町時代の奥州』(共編著、高志書院)、『中世奥羽のムラとマチ　考古学が描く列島史』(東京大学出版会)、『歴史考古学を知る事典』(共著、東京堂出版)、『中世奥羽の考古学』(高志書院)、『東北の名城を歩く』(共編著、吉川弘文館)

シリーズ「遺跡を学ぶ」021

〈改訂版〉律令国家の対蝦夷《えみし》政策　相馬《そうま》の製鉄遺跡群

2005年　11月 15日　第1版第1刷発行
2023年　9月 25日　改訂版第1刷発行

著　者＝飯村　均
発　行＝新 泉 社
東京都文京区湯島1－2－5　聖堂前ビル
TEL 03 (5296) 9620 ／ FAX 03 (5296) 9621
印刷／三秀舎　製本／榎本製本

ISBN978－4－7877－2241－6　C1021

新泉社

シリーズ「遺跡を学ぶ」

046
律令国家を支えた地方官衙　弥勒寺遺跡群
田中弘志　1500円＋税

『古事記』『日本書紀』に登場する美濃の伝統的地方豪族ムゲツ氏は、壬申の乱で大海人皇子の勝利に貢献した。地方豪族が律令官人へ変容する過程とその活動の実態を追う。

066
古代東北統治の拠点　多賀城
進藤秋輝　1500円＋税

古代律令国家が確立するころ、北の広大な蝦夷の地に向き合い、仙台平野の要にあたる場所に創建され、東北地方全域の行政・軍事の中枢機関としての役割を担った多賀城の実像。

106
南相馬に躍動する古代の郡役所　泉官衙遺跡
藤木 海　1600円＋税

福島県南相馬市には、古代の役所「行方郡衙（なめかたぐんが）」が置かれていた。戦乱・災害に激動する古代東北で、律令国家と地域社会を結ぶ要となった郡役所を解明する。

144
日本古代国家建設の舞台　平城宮
渡辺晃宏　1600円＋税

唐の律令制をとり入れ、独自の律令国家形成を推し進めた、八世紀の古代日本の政治・行政の中枢、平城宮。特別史跡、世界遺産平城宮跡の真の姿を、六〇年におよぶ発掘調査から探る。

157
たたらの実像をさぐる　山陰の製鉄遺跡
角田徳幸　1700円＋税

日本の鉄は、明治時代初期まで九割以上が中国地方で生産されていた。神秘的な鉄づくり、日本刀の材料となる玉鋼づくりという、たたらの画一的なイメージを超えるその実像を語る。